건축가 엄마와 함께
서울 옛길
느리게 걷기

◇ 당신은 언제나 옳습니다. 그대의 삶을 응원합니다. – **라의눈 출판그룹**

초판 1쇄 | 2016년 7월 4일
　　 2쇄 | 2017년 6월 1일

지은이 | 최경숙
펴낸이 | 설응도
펴낸곳 | 라의눈

편집주간 | 안은주
편집장 | 최현숙
기획위원 | 성장현
마케팅 | 이종진
경영지원 | 설효섭 · 설동숙
디자인 | Kewpiedoll Design
지도일러스트 | 정민영

출판등록 | 2014년 1월 13일(제2014-000011호)
주소 | 서울시 서초중앙로 29길(반포동) 낙강빌딩 2층
전화번호 | 02-466-1283
팩스번호 | 02-466-1301
전자우편 | 편집 editor@eyeofra.co.kr | 경영지원 management@eyeofra.co.kr
　　　　　 영업 · 마케팅 marketing@eyeofra.co.kr

이 책의 저작권은 저자와 출판사에 있습니다.
서면에 의한 저자와 출판사의 허락 없이 책의 전부 또는 일부 내용을 사용할 수 없습니다.

ISBN 979-11-86039-56-4　13980

* 잘못 만들어진 책은 구입하신 서점에서 교환해드립니다.
* 책값은 뒤표지에 있습니다.
* 라의눈에서는 독자 여러분의 소중한 아이디어와 원고 투고를 기다리고 있습니다.

내 아이에게 들려주고 싶은 서울 역사·건축 이야기

건축가 엄마와 함께
서울 옛길 느리게 걷기

최경숙 지음

라의눈

서문

느린 걸음으로 한나절이면
세상에 없던 위로와 감동을 만나게 됩니다

    나는 서울에서 대학을 다녔고 서울에서 건축 일을 시작했고 지금도 서울 하늘 아래서 산다. 아마 내 아이들도 그러할 것이다. 사실 서울 답사에 관한 책을 구상한 것은 아주 오래 전 일이다. 어쩌면 필자의 전작인 〈건축가 엄마의 느림 여행〉보다 더 오래 생각한 주제일지도 모른다. 그런데 세상일이 그러하듯 가까이 있는 것은 덜 절실하고 덜 소중하게 여겨지나 보다. 마음만 먹으면 언제든 갈 수 있다는 생각에 미루고 게으름을 피우다가 이제야 한 권의 책으로 엮게 되었다.

    이제 답사는 내 삶의 일부이자 우리 가족의 일상이 되었다. 장소가 남긴 '먼지 낀 흔적들', '사람이 장소에 새긴 희미한 의미들'이 자꾸 눈에 밟히면서 답사가 나의 고유의식이 되었음을 깨닫는다. 길 따라 걸으며 공간에서, 혹은 문화재에서 옛 사람의 이야기를 만나는 데 재미가 들린 것이다. 특히 예상치 않았던 무언가를 대면했을 때는 시간을 건너뛰어 머리가 아니라 심장으로 전해지는 묵직한 에너지를 느끼곤 한다.

도시란 참 묘하다. 우리가 목격하는 도시의 모습은 '현재'만의 작품이 아니다. 과거가 첩첩이 쌓인 기반 위에 현재가 살짝 세워져 있는 형상이다. 마치 빙산의 일각처럼. 그저 눈에 보이는 것이 서울의 전부인양 살다가 어느 날 자세히 깊게 들여다보니 물 밑 커다란 빙산이 보였다. 우리가 보고 있는 서울은 적어도 '경성 위 서울'인 것이다. 내 눈에 서울의 민낯이 보이기 시작한 순간이다.

서울 옛길에 켜켜이 숨겨진 이야기와 맞딱뜨리는 것은 생각만큼 쉽지도 편치도 않았다. 어느 곳 하나 일제강점기의 흔적이 없는 곳이 없었기 때문이다. 무심결에 지나던 거리와 궁궐, 건물 곳곳에 그 흔적들이 흩뿌려져 있었다. 그 일상을 당연하게 살았던 나를 되돌아보면서 때로 울컥하고 때로 안타까워하고 때로 위로 받기도 했다.

역사란 상처까지도 포함한 것이라 생각한다. 곤혹스럽더라도 서울이 가진 모든 것을 다 들여다보아야 할 것이다. 상처가 있다면 기꺼이 대면하고 정성스럽게 다독이고 보살펴야 한다는 생각이다. 그것은 과거의 '우리'를 오롯이 사랑하는 일이며 역사를 바라보는 성숙한 시선일 것이다. 자라나는 우리 아이들을 위해서라도 말이다.

깊이 팬 상처를 회복하고 있는 서울을 대견해하며 그 모습을 응원한다. 이 책의 마지막 답사지인 남산의 소나무 숲을 걸으며 서울의 땅과 그 땅에 새겨진 역사는 우리가 평생 가져가야 할 정체성이자 자산임을 다시금 깨닫는다. 그 안에서야 진정한 문화가 꽃필 수 있음을.

마지막으로, 이 책은 필자가 서울에 대해 알아가는 과정을 담고 있음을 밝혀둔다. 전문적인 역사 지식이나 인문학, 도시공학을 얘기하는 책이 아니다. 다만 필자처럼 서울에 터를 잡고 살지만 정작 서울에 대해 몰랐던 사람들이 오늘 스쳐지나간 골목을 유심히 보게 되고, 그 골목이 지닌 이야기에 귀 기울이게 되기를 바라는 마음뿐이다.

서울도 자세히 보아야 사랑스럽다.
사랑할 때에만 오롯이 우리의 것이 된다.

최경숙

차례

서문 • 4

01
세도가와
예술가와
도롱뇽의 땅

부암동 • 10

02
굽이굽이
펼쳐지는
서울의 민낯

한양도성 낙산성곽길 • 40

06
도시한옥으로
꽃핀
빈티지 도시

북촌 01 • 154

07
길을 가로질러
골목길 옆
미술관

북촌 02 • 174

08
고종의 눈물,
돌담에
아롱지다

정동과 덕수궁 • 206

03

물길 따라 더듬는
친일파의 잔해,
옛 골목의 추억

서촌 01 • 68

04

정선의 그림 속으로,
잃어버린
시간 속으로

서촌 02 • 96

05

그곳에 문화
독립운동가들이
있었네

성북동 • 126

09

유교적
이상도시를
찾아서

한양 • 238

10

땅에 새겨진
역사의 문신

경성, 그리고 서울 • 276

건축가 엄마와 함께
서울 옛길 느리게 걷기
01

세도가와 예술가와
도롱뇽의 땅

• 부암동 •

답사지

1. 윤동주 문학관 → 무계원 → 안평대군 집터 → 윤웅렬 별서 → 자하미술관 → 서울미술관과 석파정
2. 창의문 → 환기미술관 → 백사실 계곡 → 석파랑

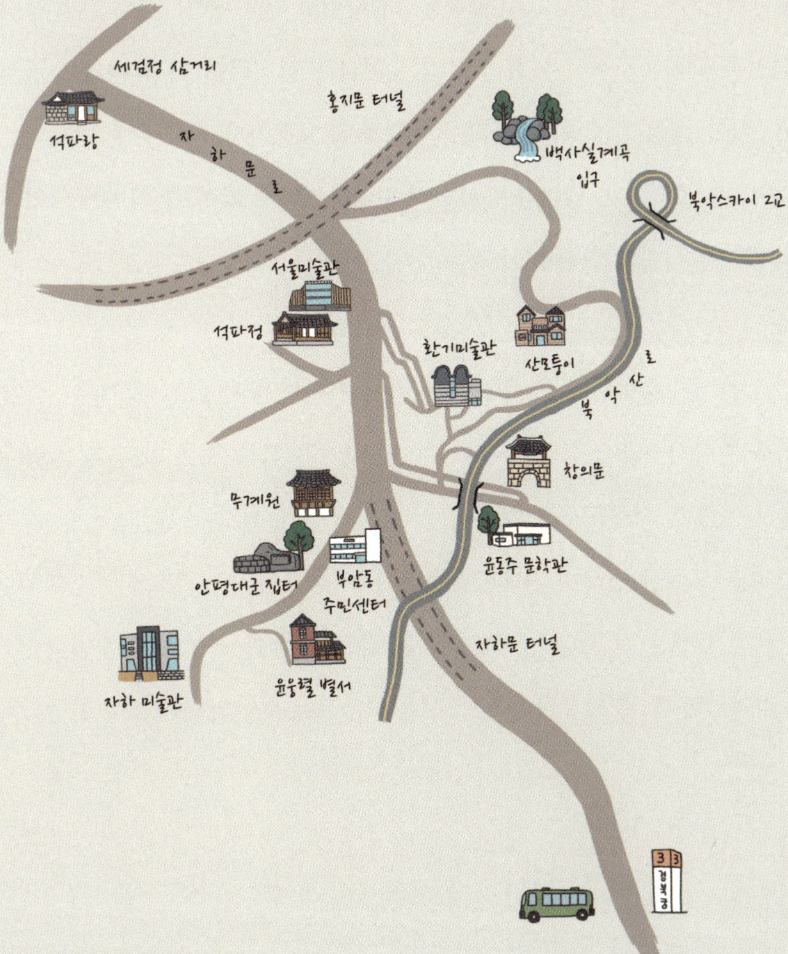

세상에는 참으로 다양한 길이 있다. 지루하기로 치자면 대단지 아파트 담벼락이 최고일 것이고 정신없기로 치자면 상업시설로 가득 찬 도심일 것이다. 하지만 연인들에게는 소소히 대화하며 걷는 아파트 담벼락이 가장 정겨운 길일 수 있다. 아마 헤어진 후 가장 생각나는 장소도 그곳일지도 모른다. 걷는다는 것은 주변과 상호작용이 얼마나 풍부하게 일어나느냐에 따라 그 의미가 달라지지만, 바라보는 사람의 마음 또한 중요하다.

걸으면서 느끼고 생각할 수 있는 곳이라면 어디든 좋은 답사 길이다. 꼭 암자로 향하는 산길이나 전통마을의 고샅길만 걸어야 하는 것은 아니다. 그렇다면 서울은 어떨까. 서울도 걷기 좋은 곳이라 할 수 있을까?

언뜻 서울 도심을 걸으며 사색한다는 것이 이상하게 들릴지도 모르겠다. 하지만 사대문 안에는 길 따라 생생한 역사를 만날 수 있는 곳이 의외로 많다. 그 길들을 걷다보면 현대, 일제강점기, 조선을 아우르는 뜻밖의 공간들을 만난다.

역사도시 서울은 걸어야 잘 보인다. 걸으면서 숨어 있는 역사의 켜들을 줌인zoom-in해 들여다보고 그 공간을 애써 찾고 지켜온 사람들의 수고에 공감하다 보면, 서울이 '깊다'는 것을 새삼 깨닫는다.

걸으며 만나는 서울의 민낯 중 제일 먼저 부암동을 선택한 것은 자연 자체가 조선시대를 기억하는 장치이자 역사이기 때문이다. 혹자는 부암동을 서울의 강원도라 부른다. 북악산과 인왕산을 거느리고 북쪽으로 북한산이 버티고 있어 3면이 산으로 둘러싸여 있기 때문이다. 그래서 예부터 부암동은 조선시대 도성 밖 경승지로 첫손에 꼽혔다.

부암동付岩洞은 이름마저 지난 세월의 애잔함이 묻어 있다. 지금은 사라졌지만 부암동 134번지에 바위 하나가 있었다. 그 바위에 작은 돌을 갖다 대고, 자기 나이만큼 문지른 후 붙여서 떨어지지 않으면 아들을 낳는다는 전설이 전해진다. 결국 부침바위라는 이름을 따서 부암동付岩洞이 됐으니, 불과 한 세대 위 어머니들이 겪었던 남아선호 사상이 영원히 지명으로 남게 됐다.

부암동,
예술가들의 품

윤동주문학관 • 환기미술관 • 서울미술관

자연만큼 문화예술혼을 키우기 좋은 원동력은 없다. 부암동 답사의 첫 시작을 윤동주문학관으로 시작한 것은 문학관 위 시인의 언덕에서 정선1676~1759과 윤동주1917~1945를 동시에 만날 수 있기 때문이다.

청운동 윤동주문학관은 북악산과 인왕산이 만나는 지점에 있다. 문학관 위 시인의 언덕에 오르면 좌측으로 북악산 자락이 잦아들면서 대지와 만나고, 정면으로는 아련하게 목멱산남산이 보인다. 북악산은 꼿꼿하게 서울 도심을 내려다보고 남산은 그 기를 받아 균형을 이룬다.

그러다 문득 정선의 그림 '장안연우' 속 풍경에 내가 들어와 있음을 깨닫는다. 300년 전의 풍경이 내 앞에 서 있다. 언덕에서 정면으로 보이는 남산이 '장안연우'에서도 선명하다. 우리는 정선을 통해 300년 전의 서울과 조우한다.

정선의 그림 '장안연우'(위)
청운동 윤동주문학관 위 시인의 언덕에 오르면 '장안연우'의 풍경이 눈앞에 펼쳐진다.(아래)

윤동주문학관 위 시인의 언덕에서 북쪽을 바라보면 부암동 일대가 보인다. 왼쪽으로 잦아드는 인왕산이 보이고 정면으로 북한산이 병풍을 치듯 서 있다.

윤동주문학관은 남다르다. 빈 땅에서 화려하게 솟아나는 대신 시간을 담는 그릇이 되었기 때문이다. 윤동주문학관은 청운동에 버려진 수도가압장과 물탱크를 개조한 건물이다. 오랫동안 버려졌던 수도가압장을 되살리며 설계 막바지에 접어들 때쯤 건축가는 예상치 못하게 땅에 묻혀 있던 물탱크실을 발견한다. 결국 수도가압장은 중정中庭. 벽이나 건물로 둘러싸인 마당이 되어 '열린 우물'로 탄생했고 물탱크실은 영상실로 바뀌어 '닫힌 우물'이 되었다. 중정과 영상실에서는 수십 년 동안 오르락내리락했던 수위의 흔적을 고스란히 볼 수 있다. 건축가는 두 물탱크를 통해 '세월이 곧 아름다움'이라는 진리를 솜씨 좋게 풀었다.

이곳에서 자연에 자신을 비추어 성찰했던 서정시인 윤동주를 오롯이 만날 수 있다. 하늘을 우러러 한 점 부끄럼이 없기를, 잎새에 이는 바람에도 괴로워했던 여린 시인, 윤동주! 그는 민족의 운명에 괴로워하며 자신의 내면 속 수많은 싸움을 시로 뱉어냈다. 독립을 꿈꾸고 민족을 사랑했던 그의 마음은 시처럼 아름답다.

건축가는 그런 윤동주를 누구보다 잘 이해하고, 또 표현했다. 덕분에 윤동주문학관은 옛 흔적을 존중하고 자연을 향해 몸을 낮춘다. 겸손하게 남을 배려하는 좋은 사람처럼 말이다. 그렇게 윤동주문학관은 아름다운 한 시인을 품은 좋은 그릇이 됐다.

종로구 누상동 9번지는 윤동주가 연희전문학교에 다니던 시절, 하숙생활을 했던 소설가 김송의 집이 있던 자리다. 시인의 언덕에서 인왕산 자락 따라 윤동주 하숙집 터까지 걸어가면 북악산, 낙산, 남산 아래 경성 시내가 한꺼번에 펼

버려진 수도가압장이었던 윤동주문학관의 중정 모습. 수십 년 동안 수위가 오르락내리락했던 흔적을 볼 수 있다.(좌)
땅 속에 묻혀 있던 물탱크는 영상실이 되었다.(우)

세도가와
예술가와
도롱뇽의 땅
●
부암동

쳐지고 인왕산은 손에 잡힐 듯 다가온다. 그 시절, 비록 식민지가 된 조국이지만 수려한 자연 경관은 처절할 정도로 아름다웠을 것이다. 광활한 밤하늘, 별이 쏟아졌을 그 길을 오르며 그는 〈별 헤는 밤〉, 〈자화상〉 등의 시를 지었을지도 모르겠다.

　일제 강점기에 태어난 윤동주는 광복을 보지 못한 채 후쿠오카 형무소에서 생체실험의 대상이 되어 생을 마감한다. 그의 모교인 도쿄 릿쿄대학에서는 아직도 매년 그를 추모하는 시 낭송회가 열린다. 편안하고 담백한 그의 시는 국가의 이해관계를 초월해 일본인들에게도 사랑받고 있다. 또 다른 모교 교토 도시샤대학에는 〈서시〉의 시비가 세워져 있다.

왼쪽 붉은 벽돌 담장을 가진 건물이 종로구 누상동 9번지로 윤동주가 하숙했던 집 자리이다.

조선시대 4소문 중 하나인 창의문. 한양성문을 지날 수 있는 유일한 문으로 자하문이라고도 불린다.

새도가와
예술가와
도롱뇽의 땅
●
부암동

문학관 건너편의 창의문은 숙정문4대문 중 북문 대신 오랫동안 북쪽으로 통하는 관문 역할을 했다. 4소문 중 유일하게 원형을 유지하고 있고 성벽도 북악산 쪽으로 이어져 있다. 청운동 일대가 개성의 '자하동'처럼 골이 아름답다 해서 '자핫골'이라 불렸고 그 이름을 따 '자하문紫霞門'이라고도 한다. 공식 명칭보다 삶과 뒤엉켜 지켜진 이름, 자하문이 지금도 입에 잘 감긴다.

'자하'란 부처님 몸에서 나오는 붉은 금색의 광명을 뜻한다. 유교국가 조선에서 불교적 이름이라니, 아마 고려의 흔적이리라. 인조가 반정을 일으켜 도성으로 들어왔던 문도 창의문이다. 한양 성문을 지날 수 있는 유일한 곳으로 지금도 사람들의 통행이 활발하다. 마치 도성 밖을 빠져나오듯 창의문을 지나 한국 현대건축의 걸작으로 꼽히는 환기미술관으로 향했다.

김환기1913~1974는 한국 추상미술의 선구자로 미술관에는 그의 작품이 100호 이상 전시되어 있다. 1992년에 개관한 미술관은 아직도 굳건하다. 화강암이라는 흔한 재료를 사용했지만 여전히 돌이 갖는 묵직함이 살아 있다. 홀로 우뚝 섰으되 자연을 지배하지 않고, 특이한 형태로 주변을 압도하지도 않는다. 건물을 둘러싼 계단은 주변 경관을 둘러보는 장치로 미술관의 영역을 확장한다. 내부 공간은 미술관의 기능을 충실히 수행하면서 공간의 변주도 잊지 않았다. 그래서일까? 환기미술관은 마치 시간이 지나도 그 가치를 잃지 않는 고전古典 같다.

환기미술관, 자하미술관, 그리고 여러 전시관들은 부암동 답사의 숨은 진주들이다. 그중 2012년에 개관한 서울미술관은 '비밀의 문'이 있다. 1~2층까지 전시를 보면 그 빗장이 풀어지는데 빗장 뒤 세상에서 뜻밖의 인물을 만난다.

부암동은 각종 전시관의 향연이다. 현대건축의 고전, 환기미술관 전경

세도가와
예술가와
도롱뇽의 땅
●
부암동

부암동 자락의 아름다움, 옛사람들도 함께하다

인왕산 석파정 계곡 • 북악산 백사실 계곡

옛 세도가의 별장을 마지막 전시품으로 되살린 곳이 있다. 부암동 서울미술관 관람은 옥상에서 끝이 난다. 옥상에 오르면 마치 순간이동을 한 듯 시간을 거슬러가고, 쏟아지는 절경에 온 마음을 빼앗긴다. 품격 있는 기와집과 600년 된 소나무가 오브제처럼 서 있더니, 이내 너럭바위와 우거진 숲길이 채워진다. 석파石坡 이하응李昰應, 1820~1898, 홍선대원군의 별장 '석파정'이다.

별장보다 먼저 눈이 가는 곳은 그 앞 커다란 너럭바위다. 그 옛날 계곡물이 바위를 훑고 내려갔을 텐데, 골 따라 시선을 내리면 이내 북악산이 시야를 가득 채운다. 너럭바위에는 '소수운렴암巢水雲簾菴'이란 글귀가 새겨져 있는데 '물을 품고 구름이 발을 치는 곳'이란 뜻이다. 청아한 물소리가 가슴을 타고 흐르고 어느새 구름이 내려와 장난을 거는 곳, 그곳에 석파정이 있다.

석파정은 원래 철종 때 영의정이었던 김흥근의 별장이었다. 그 후 흥선대원군이 고종과 함께 이곳에 묵게 되자 '임금이 묵고 가신 곳에 신하가 살 수 없다'며 석파정을 넘겨줬다는 이야기가 기록으로 전해진다. 석파정은 별장의 서쪽 작은 계곡에 놓인 정자의 이름이기도 하다. 정자 앞에 놓인 산이 바위산이어서 흥선대원군이 정자 이름을 석파정石坡亭이라 고치고, 자신의 호도 '석파'로 지었다. 문득 궁금해졌다. 누가 미술관과 석파정을 한 공간으로 묶을 생각을 했을까? 미술을 좋아하는 한 기업가가 석파정을 사들였고 이후 허가받는 데만 5년, 공사기간 2년에 걸쳐 미술관을 완성했다. 지난 60년간 일반인에게 개방되지 않았던 석파정은 그렇게 미술품으로 새롭게 태어났다.

별장의 이름이 된 정자, 석파정의 모습. 중국풍이 가미된 정자로 바닥이 돌로 마감되었다.

흥선대원군의 별장, 석파정의 모습.
계곡물은 말랐지만 인왕산 아래 울울한 숲은 예나 지금이나 변함이 없이 아름답다.

정자를 지나면 인왕산의 울울한 숲이 본격적으로 시작된다. 4월, 다시 찾은 석파정은 겨우내 숨겨놨던 꽃망울들을 터트렸고 새 생명의 기운이 여기저기 움트고 있었다. 지금은 내부순환도로 때문에 계곡물이 말랐지만 그래도 웅덩이에는 도롱뇽 알이 가득하고 연분홍빛 진달래는 수줍게 나무들 사이에서 꽃을 피운다. 그날 운 좋게도 도롱뇽 알을 볼 수 있었다. 알에서 깨어난 새끼들은 어디로 가는 걸까. 그들도 어미처럼 다시 석파정을 찾아 생을 이어갈 것이다.

코끼리 바위를 지나 '물을 품은 길'을 따라 언덕을 오르면 건너편에 별장의

산책로 '물을 품은 길' 따라 걷다 보면 만나는 석파정의 전경.

전경이 오롯이 들어온다. 창덕궁 후원처럼 원시림에 둘러싸인 석파정은 자연이 건축을 완성시키는 전통건축의 개념에 충실하다. 소나무 아래 수려하게 내려앉은 석파정을 보고 있자니 흥선대원군이 왜 이 집을 탐했는지 알 것 같았다. 그리고 생각은 자연스럽게 격동의 시절을 보낸 대정치가, 흥선대원군으로 이어졌다.

영·정조 시대 이후 세도정치가 반세기를 지배한 뒤, 조선은 국제정세에 대비할 여건이 되지 못했다. 흥선대원군은 어린 고종을 대신해 섭정했던 초

기 10년 동안 사회를 개혁하고 땅에 떨어진 왕권을 강화했다. 하지만 왕권에 집착하다 보니 국제정세에 대처하지 못했고, 재정에도 혼란을 가져왔다. 고종이 직접 나라를 다스리게 된 후에도, 조선은 열강에 좌지우지되면서 19세기를 마감한다.

목련은 꽃봉오리일 때가 가장 아름답다. 하지만 꽃잎이 너덜해질 때까지 나무에 매달려 있다. 땅에 떨어져도 그 묵직함 때문에 바람에 쉽게 날리지 않는다. 문득 마지막까지 자신을 버리지 못하는 목련이 흥선대원군과 닮아 보였다. 권력에 대한 집착은 상갓집 개로 불리며 자신을 낮춘 세월에 대한 보상심리일까. 아니면 외척세력을 경계하고 왕권을 강화해야만 조선이 개혁될 거라는 신념의 한계일까. 추사 김정희의 제자이기도 했던 흥선대원군은 서체와 그림에 재능이 뛰어났다. 특히 난초 그림은 김정희에게 극찬을 받았다고 한다. 사대부는 군자의 기상을 대변하는 '사군자'를 즐겨 그렸다. 그중 난초는 그리는 사람의 성정과 예술적 감각을 동시에 드러낼 수 있는 소재였다. 간송미술전에서 처음 본 그의 묵란은 '조선'을 대변하고 있었다. 고고하게 잎을 드리운 난초의 자태에서 조선의 대정치가 이하응을 본다.

서울 도심 한복판에 멋진 계곡이 있을 거라고는 쉽게 상상이 되지 않는다. 지금은 도로들로 인해 물길이 많이 끊겼지만, 예전에는 예사롭지 않은 풍경 덕에 계곡 언저리마다 옛 사람들의 별장들이 들어섰다. 석파정 건너편 북악산 백사실 계곡에 또 다른 별장터가 있다. 계곡 이름이 한 인물의 '호'와 같아 별장터 주인을 쉽게 추정하는데, 바로 백사 이항복 1556~1618 이다.

흥선대원군이 1881년에 그린 묵란(수묵으로 그린 난초) 작품, 개인소장.

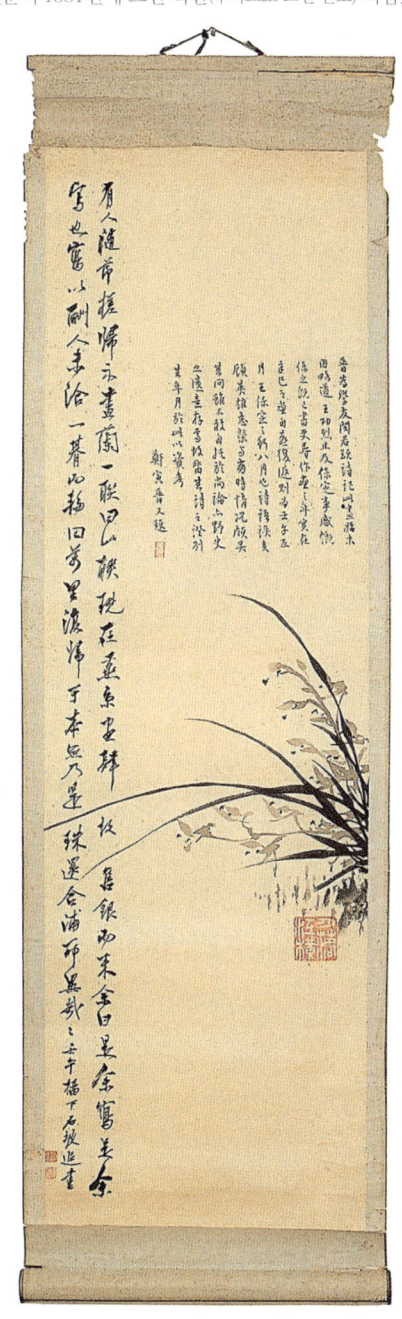

세도가와
예술가와
도롱뇽의 땅
●
부암동

비록 석파정의 계곡물은 말랐지만 4월이면 도롱뇽 알도 만날 수 있다.(위)
석파정의 봄. 너럭바위는 앉아 쉬기도 좋지만 북악산을 감상할 수 있는 1등석이기도 하다.(아래)

부암동 인왕산 자락, 자하미술관에서 바라본 풍경. 한양의 주산(主山, 뒷산을 뜻하며 서울의 경우는 북악산)과 진산(鎭山, 고을의 큰 산으로 서울의 경우는 북한산)을 모두 보고 싶다면 자하미술관에 오르면 된다. 그 풍경이 가득 담기는 미술관 앞마당은 명당 중 명당이다.

세도가와
예술가와
도롱뇽의 땅

●

부암동

백사실 계곡 가는 중간에 오래 전 드라마에 나와 유명해진 한 카페에 들렀다. 운 좋게 제일 높은 곳에 자리를 잡고 앉으니 북악산과 인왕산이 한눈에 들어오는 탁 트인 풍경이 펼쳐졌다. 저 멀리 한양도성의 성벽이 마치 용이 산을 오르다 화석이 된 것처럼 북악산을 휘젓는다. 그리고 잠시 도로에서 사라지는가 싶더니 이내 인왕산에서 다시 솟아난다. 혹시 이 자리에서 북악산 성벽을 바라보며 나와 같은 생각을 한 옛사람이 있었을까. 순간 궁금해졌다.

카페에서 백사실 계곡까지는 내리막길이라 편히 걷다 보면 어느새 풍성한 숲길이 나타난다. 4월이라 철쭉이 풍성하더니 어여쁜 금낭화까지 피어 있다. 조심스레 다가가니, 고개 숙인 모양새가 '당신을 따르겠습니다'라는 수줍은 꽃말과 절묘하게 맞아떨어진다. 금낭화는 우리나라가 원산지이기도 해 더

부암동 한 카페에 오면 북악산 한양도성이 눈앞에 선명하게 펼쳐진다.
용이 꿈틀대며 오르다 화석이 된 것처럼.

백석동천이라 불리는 백사실 계곡 입구에서 만나는 금낭화

반갑다. 계곡에 자라며 5~6월에 꽃을 피우는데 어린잎은 채취해 나물로 쓰기도 한다니 버릴 게 없는 꽃이다.

백사실 계곡은 '백석동천白石洞天'이라고도 불린다. '백석'은 백악 즉 북악산을 말하고 '동천'은 경치 좋은 골짜기란 뜻으로, 명승 제36호로 지정돼 있다. 백석동천에는 건물터와 정자터, 연못이 남아 있다. 터에는 곱게 다듬어진 초석들이 옛 주인을 대신에 땅을 지키고 있다.

이렇게 돌만 남은 터는 인생사 희로애락을 순식간에 훑게 하고 죽음까지 자연의 일부로 받아들이게 만드는 묘한 매력이 있다. 폐허라서 가슴 아픈 게 아니라, 폐허라서 배우는 것이다.

세도가와
예술가와
도롱뇽의 땅
•
부암동

계곡물이 예전 같지 않음이야 대도시 계곡의 숙명이지만, 그래도 허전함은 어쩔 수 없다. 오랫동안 자연에 순응해 살던 계곡인데 물길은 생기가 사라졌고 흙과 돌덩이도 힘을 잃은 듯 보였다. 그래도 계절이 계절인지라, 봄의 싱그러움이 나뭇가지 끝까지 서렸고, 저 멀리 키 작은 소나무는 뭉게뭉게 핀 구름 같다. 서울 한복판에서 자연 속에 파묻힐 수 있다니 그것만으로도 소중한 곳이다. 그 소중함을 아는지 도롱뇽도 매년 잊지 않고 백사실 계곡을 찾아온다.

서울은 그저 대한민국의 수도로 규정되지 않는다. 일찍이 백제의 수도였고, 조선이라는 한 시대를 풍미했으며, 일제강점기 시절 철저하게 훼철된 궁궐과 도시 구조, 친일파의 흔적 등 여러 시대가 뒤엉켜 생생하게 살아 있기 때문이다.

그중 부암동은 인왕산, 북악산, 북한산 등이 내려앉은 자리에 품격 있는 옛 세도가의 별장과 미술관 등을 품고 있어, 도시의 허파 역할을 한다. 옛 공간에 현재의 시간이 중첩되면서 살기 좋은 도시의 숨구멍으로 좋은 본보기가 되는 것이다.

건축가 엄마와 함께
서울 옛길
느리게 걷기

백석동천은 백사실 계곡이라고도 불리는데, 이곳을 백사 이항복 별장터로 보는 이유다. 연못에서 바라본 건물터의 모습. 추사 김정희가 이 터를 사들였다는 기록도 남아 있다.

세도가와
예술가와
도통농의 땅
•
부암동

답사는 옛 인물과 사건을 마음속 현미경과 망원경으로 요리조리 들여다보고 상상하는 즐거움이 있다. '만약'이라는 가정, '왜'라는 물음, '그래도'라는 인정 등 실타래가 엉키듯 복잡 미묘한 감정을 불러일으킨다. 그 감정과 분석은 곧 현재를 들여다보는 성찰로 마무리된다. 옛 선조들이 사랑했던 자연은 역사적 성찰을 하기에 최적의 장소다. 그저 그들이 즐기고 쉬었던 곳을 현재의 내가 공유한다는 것만으로도 의미가 있다.

부암동은 그 의미를 가장 진하게 느낄 수 있는 곳이다. 걷다 보면 미술관이요, 걷다 보면 숲길이요, 걷다 보면 성곽이 꿈틀대고, 걷다 보면 도롱뇽 알을 만난다. 그러면서 깨닫는다. 서울의 자연이야말로 '세월을 담는 그릇'이란 사실을.

봄의 싱그러움이 나뭇가지 끝으로 퍼져 나오면, 백사실 계곡도 생기를 찾는다. 계곡은 도롱뇽 서식지로도 유명하다.(우)

건축가 엄마와 함께
서울 옛길 느리게 걷기
02

굽이굽이 펼쳐지는 서울의 민낯

• 한양도성 낙산성곽길 •

답사지

동대문 디자인플라자 → 동대문 역사문화공원(이간수문, 동대문역사관) → 흥인지문(동대문) → 낙산성곽길 → 이화마을 → 혜화문 → 혜화동성당

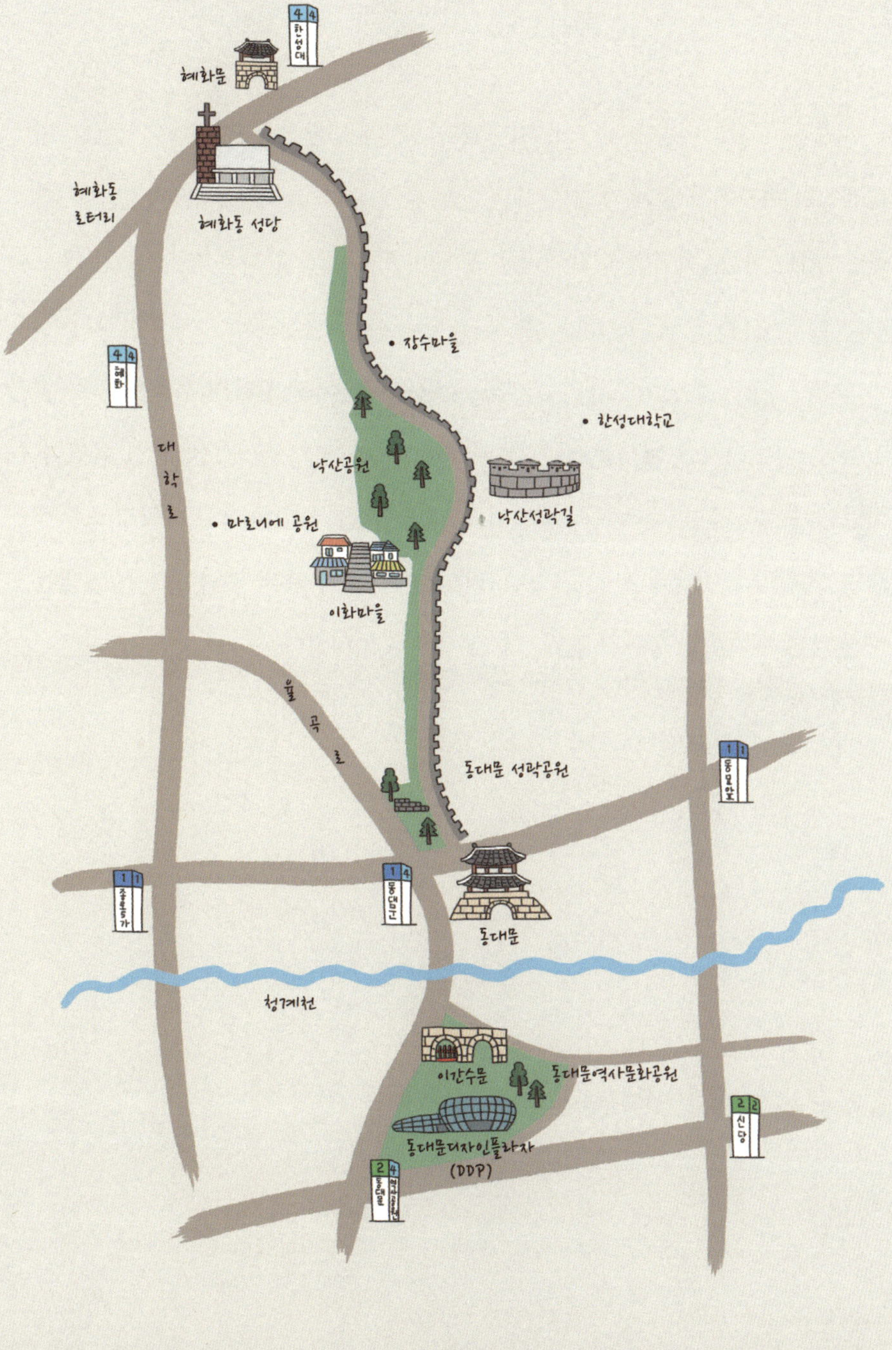

서울은 600년 이상을 수도로 지내왔다. 그 세월만큼 고운 주름이 잡혔다면 좋겠지만 여기저기 깊게 패인 상처는 어쩔 수가 없다. 그래도 묵직이 삶의 터전을 지키는 산들, 서민의 희로애락을 훑으며 흐르는 천과 강은 '한양'을 큰 품으로 보듬고 있다.

경복궁, 창경궁, 경희궁, 덕수궁 등 궁궐은 훼손되고 한양의 흔적도 많이 잃었지만, 아버지처럼 버텨준 산은 우리에게 한양도성사적 제10호을 남겨 놓았다. 한양을 수호하던 4대문과 4소문 그리고 이를 연결한 약 18km의 한양도성을 걸으면 옛 한양과 지금의 서울을 '진심'으로 들여다보게 된다. 산을 오르는 것과는 다른 맛을 보여주는 성곽길 걷기, 그 길 속으로 들어간다.

개발이냐, 보존이냐

동대문디자인플라자 • 이간수문

낙산 성곽길의 출발점을 DDP동대문디자인플라자로 정했다. 동대문운동장 시절, 그 아래에 묻혔던 한양도성이 DDP 한켠, 동대문역사공원에 복원되었기 때문이다. 문화재보호법은 3만㎡ 이상의 건설 공사를 하기 전에 반드시 매장 문화재에 대한 지표조사를 거치도록 정하고 있다.

동대문운동장 역시 도심공원으로 바뀌기 전 지표조사를 실시했다. 야구장 터에서는 조선시대 임금의 경호부대 훈련장이었던 하도감, 화약공장이었던 염초청의 건물지를 비롯해 많은 생활문화재들이 발견되었다. 축구장터에서는 부속 군사시설로 추정되는 건물지는 물론, 하천이 한양도성을 통과할 때 지나는 수문水門도 발굴되었다. 야구장과 축구장에서만 조선 전기부터 일제강점기까지의 발굴 유물이 총 2,778점 쏟아져 나온 것이다. 그중 성벽과 이간수문만 그 자리에 그대로 복원됐고, 일부 건물지와 우물 등은 동대문역사공원으로 옮겨와 야외에 전시되고 있다. 현실과의 타협, 즉 최소한의 복원은 도시에 위치한 문화재의 숙명일지도 모르겠다.

    버스에서 내려 DDP 속으로 들어갔다. 순간, 내 몸이 미확인비행물체 아래로 빨려들어가는 느낌이었다. 거대한 풍체가 나를 덮었고, 도심은 시야에서 사라졌다. 마치 커다란 생물체 같기도 했는데 아마 비정형의 형태 때문일 것이다.

DDP는 비정형의 거대한 풍체로 건물에 대한 사람들의 인식을 깬다. 마치 살아 있는 거대한 생물체 같다.

다행히 이 거대한 아메바는 사람들을 삼키지 않고, 그저 길 따라 동대문으로 충무로로 인파를 안내한다. 사람들이 DDP에 갖는 인상은 두 가지로 나뉜다. 신기한 공간 체험을 즐거워하거나, 주변과 너무 다른 형태와 거대한 풍체에 이질감을 느끼거나. 동대문이라는 지역의 특수성을 무시한 건물이라는 비판도 있다. 높이만 다른 사각형 건물에 익숙한 눈이 거대한 비정형 형태의 건물을 거부하는 것은 어찌 보면 당연하다.

그래도 DDP가 의미를 갖는 것은 건물이면서, 사람들이 모이는 광장이면서, 때로는 정원이 되는 '융통성'에 있다. 그것은 사람들과 풍경, 이벤트를 다양하게 포용함으로써 건물에 대한 사람들의 고정관념을 깨뜨린다. 물론 매장된 문화재가 많았던 그 자리에 지금의 결과물이 최선이냐는 의문은 어쩔 수 없다. '한국 건축가에게 기회를 주었더라면'이라는 아쉬움도 있다.

예로부터 기념비적인 건물은 권력의 도구로 이용돼 왔다. DDP라고 예외일까. 사회적 이슈가 될 만한 형태와 세계적 건축가의 명성이 필요했으리라. 그리고 지금, 수많은 비난 속에서도 한양도성과 이간수문 옆에 함께 서 있다.

DDP뒤편, 동대문역사문화공원에는 축구장에 묻혀 있던 '이간수문'과 한양도성 일부가 복원되어 있다. 복원된 한양도성의 모습

흥인지문동대문과 광희문 사이 구간은 한양도성에서 가장 낮은 지역이었다. 그래서 그곳에 도성 안의 물을 흘러 보내는 수문水門이 있었다. 이간수문은 이름 그대로 두 칸짜리 수문으로, 남산에서 흐르는 물을 도성 바깥으로 내보냈다. 2008년 동대문운동장 터의 발굴이 시작되면서 지상 3.7m 아래에서 수문이 발견됐고, 2014년까지 수문과 성벽을 복원하면서 DDP 건설도 병행했다.

　　사람들은 DDP 뒤편에 성벽과 수문이 있다는 사실을 잘 모른다. DDP에서는 잘 보이지도 않는다. 오롯이 반대편에 서야 성벽과 DDP가 오버랩 되면서 시야에 들어온다. 거대한 DDP는 도심의 소음과 무게를 견디며 겨우 지상으

로 나온 이간수문과 성벽을 무색하게 만든다. 이곳의 정식 명칭이 동대문역사문화공원인 이유는 어디서 찾아야 할까.

이간수문을 보면 발굴된 돌과 새롭게 복원한 돌이 확연히 다르다. 수문 따라 복원된 성벽도 마찬가지다. 기술은 늘 앞을 보고 달리지만 세월의 흔적까지는 담을 수 없다. '시간의 힘'이라는 자연의 법칙은 인간이 이길 수 없는 명제다.

옛 동대문운동장 터에서 군사시설이 많이 발견된 것과 동대문시장은 어떤 관련이 있을까. 19세기까지 도성 안의 삼대시三代市, 3개의 큰 시장는 종루 앞거리, 남대문 밖 칠패시장, 동대문 안 배우개시장이었다. 동대문 주변에는 하도감을 비롯해 군영과 그와 관련된 식솔들이 거주했는데, 재정적으로 어려웠던 조선 정부는 군병들에게 급료를 지급하지 못하자 이들에게 장사를 허용했다. 이를 모태로 1905년 광교 주변에 상설시장인 광장시장이 등장했고 평화시장을 비롯해 현재의 동대문시장 권역이 형성된 것이다.

DDP를 지나 동대문으로 향하는 그 짧은 길에는 평화시장을 비롯한 여러 도매시장이 청계천에 기대어 펼쳐진다. 평화시장은 청계천 남쪽에 판잣집을 짓고 사는 피난민들의 생활 터전이었다. 한국전쟁 이후 북한 피난민들이 이곳에 모여 '재봉틀'로 옷을 만들어 생계를 유지했다. 1962년 3층짜리 현대식 건물이 들어섰지만 값싼 노동력을 제공하던 판자촌은 여전했다. 분신으로 생을 마감한 청년 전태일도 청계천의 피복노조원이었다.

세월이 흘러 지금은 '평화'라는 이름을 건 건물이 많이 들어섰고 두산타워 등 대기업의 자본도 들어와 복합패션단지가 되었다. 그곳엔 외국인들, 중국 관광객들이 길을 채운다. DDP에서는 서울패션위크가 열리고 세계적인 브랜드의 문화행사도 열린다. 여러 계층과 문화가 섞이고 흩어지고 모인다. 재미있고 흥미로운 현상이다. DDP가 이룬 변화라고 충분히 의미를 둘 만하다.

이간수문의 모습. 발굴된 돌과 새롭게 얹은 돌의 차이가 확연하다.(위)
청계천 평화시장의 모습. 건너편에는 청계천 복원 과정에서 발굴된 오간수문을 재현해 놓았다. 오간수문은 청계천 물을 도성 밖으로 흘려보냈다.(아래)

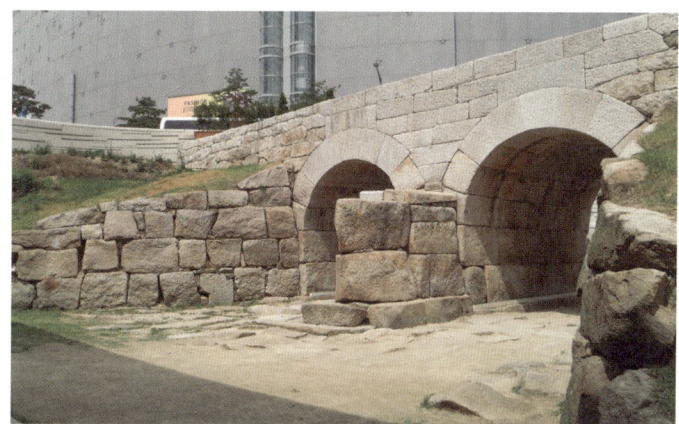

도시 위를 걷다
역사 위를 걷다
사람 위를 걷다

―

한양도성 낙산성곽길

평화시장을 지나 청계천을 건너면 동대문이 보인다. 도심은 동대문에 무심하다. 도로에 막혀 굳어 있는 동대문이나, 바라보는 사람이나 그 생뚱맞음에 어색하기는 마찬가지다. 그래도 사방으로 트여 한양에서 온 장승처럼 고고한 풍채를 숨기지 않는다. 홀로 허물어지는 성벽과 무너지는 조선을 바라보고, 배고픔과 경제 성장을 지켜보았을 동대문은 그 풍파에 자신을 지키며 도심을 수호하고 있다.

동대문 건너 동대문성곽공원부터 낙산성곽길이 이어진다. 성곽공원에서 문득 뒤를 돌아보면 동대문, DDP, 자동차로 채워진 도심이 한눈에 들어온다. 머릿속으로나마 휘어진 길 따라 사라진 성벽을 그려본다.

태조 이성계는 한양으로 수도를 정하고 제일 먼저 '종묘' '사직' '궁궐'을 세운다. 그리고 바로 한양을 방어하는 성을 쌓는데 1차 방어선으로 4개의 산북악산,

낙산, 목멱산, 인왕산(북동남서 순)을 연결한다. 1396년 1월에 시작한 성벽 공사는 49일 만에 약 12km가 완성된다. 이렇게 공사를 빨리 끝낼 수 있었던 이유는 철저한 분업으로 공사를 진행했고 지대가 높은 곳에만 석성石城을 쌓았기 때문이다. 4개의 산을 총 97구간으로 나눠 작업했고 동원된 인원만 11만 명이 넘었다.

하지만 공사기간이 짧고 한겨울에 진행된 탓에 여름 장마로 곳곳 성벽이 무너지자 2차 공사에 들어간다. 같은 해 여름 약 8만 명의 장정을 동원해 성곽을 보수하고 모든 구간을 완공한다. 4대문흥인지문, 돈의문, 숭례문, 숙정문과 4소

동대문 성곽공원에서 바라본 동대문 상권의 모습. 왼쪽으로 한양도성 4대문 중 동쪽 문에 해당하는 흥인지문(동대문)의 모습이 보인다.

문혜화문, 광희문, 소덕문, 창의문도 이때 완성된다.

한양의 좌청룡에 해당하는 낙산은 높이 125m로 그 모양이 낙타 등과 같다 해서 붙여진 이름이다. 산 전체가 화강암으로 이루어져 있으며 인왕산과 마주 보고 있고 남북으로 길게 뻗어 있다.

성벽 따라 언덕길을 오르면 초입부에 커다란 나무 한 그루가 서 있는데 그 어떤 고층빌딩보다 강렬하게 풍경을 장악한다. 그는 한양도성의 터줏대감처럼 이곳도 울창한 숲이었음을 사람들에게 알리고 있다. 어느덧 뒤를 돌아보면 도심은 사라지고 성줄어린이공원까지 울창한 성곽길이 이어진다.

남과 북을 관통하는 낙산성곽길, 그 길에 멀리 아파트들이 물결치며 장막을 만든다. 그리고 능선 따라 어깨를 맞댄 달동네의 집들이 퍼즐을 맞추듯 채워진다. 그러다 성곽길은 소시민의 삶 속으로 나를 데리고 들어간다. 망원경으로 도심을 바라보다 현미경으로 도시를 들여다보는 느낌이랄까. 성곽길 옆 달동네에는 아직도 평상에서 한 끼를 나누며 삶을 공유하는 사람들이 살고, 쓸려면 없다는 그 개똥도 발에 밟힌다. 도심이 멀어진 풍경 속에 달동네가 성곽길에 겹쳐지더니, 바로 이화마을과 맞닥뜨린다.

이화마을은 2006년 '낙산 공공프로젝트'로 알려지기 시작했다. 예술가들이 소외지역 생활환경 개선을 목표로 이화마을에 벽화를 채웠고 이후 '1박2일'이라

낙산은 남북으로 긴 산으로 그리 높지 않아 걸으며 성곽길을 음미하기 좋다. 성곽 초입부에는 우뚝 솟은 나무 한 그루가 수호신처럼 서 있다.

도심이 멀어지자 달동네가 성곽길에 겹쳐지고 이내 삶의 전시관이 된, 이화마을과 맞닥뜨린다.

건축가 엄마와 함께
서울 옛길
느리게 걷기

는 예능프로그램에 마을이 노출되면서 지금은 관광명소로 유명세를 떨치고 있다.

성곽에 붙어 생의 실타래를 짜던 달동네는 이제 '역사'가 되어 일반 시민에게 삶의 전시관이 되었다. 60, 70년대 서울의 풍경을 간직한 그들의 모습에서 복잡한 감정이 교차한다. 그들의 치열한 삶이 문화적 사치에 이용되는 듯해서. 허름했던 공간엔 이내 작은 공방과 카페가 들어섰는데 그곳의 주인이 이화마을 사람들인지 의심도 들었다.

문제는 그들의 생활을 들여다보게 만드는 관음증이다. 예능 프로그램에 노출된 후 일명 '천사날개' 그림에서 사진을 찍으려는 사람들이 밤낮없이 몰려들었고 결국 주민들의 요청으로 그 그림이 지워지기도 했다. 중요한 것은 마을의 주인이다. 그들을 소외시킨 채 벌어지는 행위와 전시는 아무 의미가 없다.

그래도 그 나무 그 숲은 지금도 그대로다. 단지 키는 더 자랐고 나뭇가지는 더 뻗었다. 울창해진 나무들은 사람들의 삶과 일상에 허리를 숙이며 관심을 갖는다. 마치 인간의 삶에 끼어들고 싶어 하는 냥 그들을 향해 있다. 아무도 관심 없었던 달동네에 성벽과 나무들은 마을의 쉼이었다. 오랫동안 그들을 지킨 덕에 달동네는 또 다른 도시의 풍경이 되었다.

이화마을을 지나 낙산공원에 다다르면 광활한 풍경이 펼쳐진다. 서울의 북쪽 자연을 이리 한눈에 볼 수 있다니 놀랍기만 하다. 그 길 따라 혜화문까지는 오롯이 성벽을 짝 삼아 내려간다. 덕분에 성벽을 가까이서 보는데, 쌓

낙산성곽길 북쪽의 모습. 멀리 북한산이 보인다. 숲, 성곽, 도심이 어우러진 모습이 인상적이다.

인 돌의 모양이 가지각색이다. 성벽은 태조, 세종, 숙종 때 축조하거나 크게 보수를 했는데 시대별로 축조방식이 달라 쉽게 구분할 수 있다. 토성과 석성을 함께 축성했던 태조시절엔 작고 둥글한 돌로 성을 쌓았다. 세종 때 성벽은 석성으로 바뀌는데, 아래 부분은 큰 돌을 다듬지 않고 쌓았고 그 위로 태조 때 돌을 썼다. 숙종 때는 커다란 돌을 사각형으로 다듬어 성을 쌓았다.

낙산성곽길에는 거대한 미확인비행물체 같은 DDP부터 달동네의 체취, 그 달동네가 새로운 문화가 되어가는 현장까지 여러 풍경이 두루 섞여 있다. 성벽은 장승처럼 둘러서서 그 모든 생과 군상을 따로 이어왔다. 자신은 부서지고 쓰러지는 역경을 견뎌내면서 4대문 4소문을 품었다. 그리고 600년 동안 부서지고 채워지고 세워졌던 서울을 기어이 우리에게 확인시켜준다. 일제 강점기의 훼철과 현대의 개발까지 묵묵히. 그래서 성곽길은 인간의 삶이요, 그림자까지 품는 희로애락이다. 모든 풍경을 포용하는 성곽길이야말로 서울을 있는 그대로 보여주는 필

터이다. 이제 성벽은 이끼에게 몸을 내주는 자연의 일부가 되었고 시민에겐 산책길의 벗이 되었다.

낙산 성곽길에서 남쪽을 바라본 모습. 멀리 남산이 보인다. 모든 풍경을 포용하는 성곽길은 서울을 있는 그대로 보여주는 필터다.

잃어버린 한국 건축의 열쇠,
이희태 건축

혜화동성당

혜화문을 지나 대학로로 발길을 돌렸다. 그러다 순간 예상치 않게 맞닥뜨린 곳, 혜화동성당! 갑자기 피곤과 무료함이 일시에 밀려나갔다. 일요일이라 성당을 오가는 사람들이 많았지만 성당만이 정지화면처럼 내 앞에 서 있었다. 처음 봤을 때 느꼈던 그 감정 그대로 몽글몽글 되살아나는 뭉클함, 혜화동성당은 언제 봐도 단순명쾌하고 적당히 엄숙하다. 엄격한 비례에서 은은하게 퍼지는 미적 감각, 혜화동성당을 설계한 고 이희태1925~1981 건축의 특징이다.

해방 후 대한민국 건축계는 '자주적인 한국의 그 무엇'을 제대로 실험해보지도 못한 채, 서구 건축의 개념이 물밀 듯 쏟아져 들어왔다. 하지만 한양대 정인하 교수는 이희태를 해방 후 잃어버린 한국 건축의 정체성에 중요한 열쇠가 되는 인물이라 평했다. 이희태의 작품은 '전통건축이 현대에 어떻게 실험되었는지'의 흔적을 볼 수 있다는 점에서 의미가 크다. 그래서 그의 작품은 한국의 전

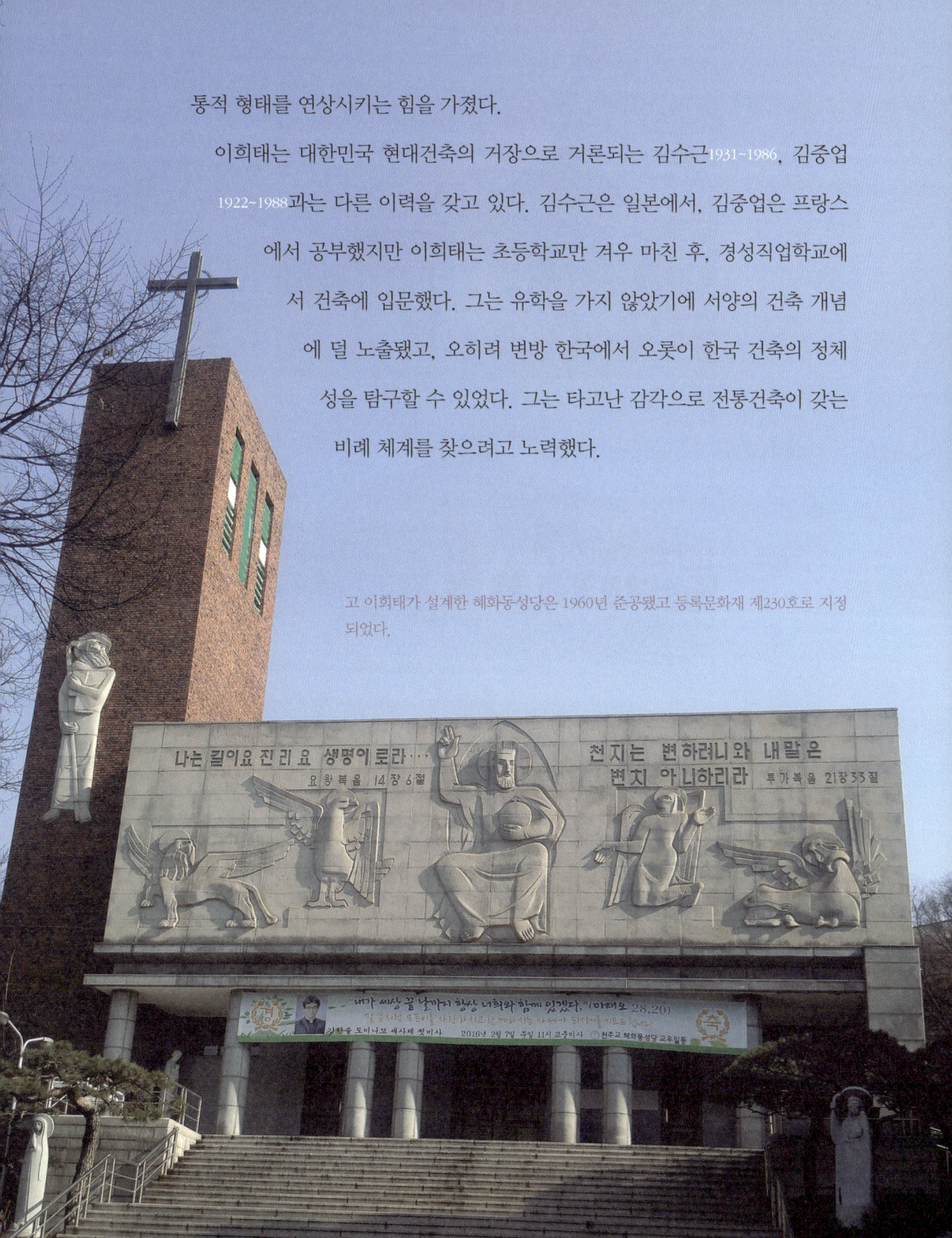

통적 형태를 연상시키는 힘을 가졌다.

이희태는 대한민국 현대건축의 거장으로 거론되는 김수근1931~1986, 김중업 1922~1988과는 다른 이력을 갖고 있다. 김수근은 일본에서, 김중업은 프랑스에서 공부했지만 이희태는 초등학교만 겨우 마친 후, 경성직업학교에서 건축에 입문했다. 그는 유학을 가지 않았기에 서양의 건축 개념에 덜 노출됐고, 오히려 변방 한국에서 오롯이 한국 건축의 정체성을 탐구할 수 있었다. 그는 타고난 감각으로 전통건축이 갖는 비례 체계를 찾으려고 노력했다.

고 이희태가 설계한 혜화동성당은 1960년 준공됐고 등록문화재 제230호로 지정되었다.

경회루 전경(문화재청)과 이희태가 설계한 경주박물관 전경(두산백과). 경회루를 모티브로 한 디자인이 가장 극명하게 드러난 작품이다. 일층 바닥을 띄웠고 기둥을 노출시켜 일렬로 배열했다. 지붕 역시 전통건축의 처마를 연상시킨다.

    주목할 점은 그가 경복궁의 '경회루'를 모티브 삼아 전통 목구조를 현대화하는 작업을 끊임없이 시도했다는 것이다. 그는 경회루의 노출된 기둥과 그 기둥이 연속되는 모습 등을 눈여겨보았다. 그래서 극장, 박물관 등 문화시설을 설계할 때 기념비적인 인상을 주기 위해 기둥을 노출시키거나 전통적인 지붕이 연상되는 형태를 취했다. 경회루처럼 바닥을 띄운 필로티는 그의 건축에서 꾸준히 나타난다. 그가 설계한 경주박물관, 공주박물관 등에서도 이런 특징은 확연하다.

무엇보다 이희태는 1960년대 성당 건축의 중심에 있다. 그는 입면 디자인에 엄격한 비례를 적용했는데 대표적 건물이 혜화동성당이다. 성당은 정면으로 볼 때 진입 계단, 종탑, 강당 이렇게 세 부분으로 나뉜다. 이 셋이 합을 이뤄 단순하지만 엄숙하고, 소박하지만 누추하지 않은 성당 얼굴을 완성한다. 마치 안동 도산서원의 전교당처럼 말이다.

성당 종탑은 한 땀 한 땀 자수를 뜬 것 같다. 사람 손으로 뜬 것처럼 작은 '거짐'들이 보여 기나란 직사각형을 만든다. 자세히 벽돌을 들여다보면 직선으로 이루어진 벽돌은 거의 없다. 모두 조금씩 모가 나 있지만 서로 어깨를 기대며 큰 사랑, 예수를 지탱한다. 진입 계단은 세월 따라 모서리가 마모되어 종탑과 분위기를 맞춘다. 계단은 강당으로 향하도록 방향을 제시한다. 번뇌를 내려놓으며 부처를 만나러 가는 사찰의 숲길처럼 계단은 신에게 이르는 짧고 강렬한 길이다.

계단 위 강당 진입부에는 이희태가 자주 쓰던 디자인 언어, '노출된 기둥'이 일렬로 서 있다. 중앙에 2개씩 쌍을 이룬 기둥이 좌우에 서면서 정면은 한층 권위를 갖는다. 사실 구조적으로 중앙에 기둥을 2개씩 놓을 필요는 없다. 그저 무게를 견디는 합리적인 간격으로 기둥을 배치하지 않았고 덕분에 건물은 단조로움을 피할 수 있었다.

전통건축에서 원은 하늘을 상징하는데 정면에 원기둥을 사용해 이곳이 신의 영역임을 알리고 있다. 원기둥은 떠받들고 있는 사각형 매스의 무거움도 덜어낸다. 그렇게 이끌리듯 성당으로 들어가면, 순간 신의 은총이 빛이 되어 나를 온전히 감싼다. 기둥 하나 없이 뻥 뚫린 장방형의 공간에 스테인드글라스stained glass가 신의 은혜를 찬양한다.

혜화동성당은 공사비의 90%가 모금으로 이뤄져 5년 이상의 공사기간을 거쳐 1960년에 준공됐다. 한국전쟁 직후라 물자도 풍부하지 않았고 성당 건축으로 참고할 건물도 거의 없었다. 그래서 혜화동성당은 기존 성당 건축과 다른 근대적인 의미를 갖는다. 종탑은 첨탑이 아닌 커다란 사각형 형태로 디자인 되었고 다른 창들도 장식적인 요소가 없다.

혜화동성당의 내부. 제단 정면의 세라믹타일과 스테인드글라스 모두 당시 예술가들의 작품이다.

종탑의 벽돌은 모난 대로 쌓여 완벽하게 커다란 직사각형을 이룬다.

기존 성당 내부는 신랑身廊, nave, 교회당 내부 중앙과 측랑側廊, aisle, 신랑과 평행을 이루는 복도을 열주연속된 기둥가 구분하지만, 혜화동성당 내부는 기둥 없이 단일공간으로 이뤄졌다. 그리고 성당 정면은 정사각형의 비례를 충실히 따르고 있다. 부조가 있는 정면은 가로 세로 비율이 3:1로 3개의 정사각형으로 분할된다. 엄격한 비율을 갖춘 성당에 당대의 유명한 조각가, 예술가들이 정면 부조, 첨탑의 조각, 스테인드글라스, 제단의 세라믹타일 등을 디자인함으로써 혜화동성당은 종합예술작품으로 탄생했다.

한국 건축의 정체성을 전통건축에서 찾고 이를 위해 평생을 연습하며 감각적으로 풀어낸 이희태는 현대건축의 고전을 여럿 남겼다. 혜화동성당은 등록문화재로 지정되었고, 절두산성당과 기념관은 한국 현대건축의 최고를 가리는 자리에 빠짐없이 등장한다. 절두산기념관에 가면 전통 목구조 양식을 우아하고 세련되게 풀어낸 이희태의 솜씨를 볼 수 있다. 일제강점기를 거치면서 '한국적'인 것이 흔적 없이 사라지고 아직까지 하대되는 현실 속에서 이희태의 건축은 귀한 기록이자 희망이다.

건축가 엄마와 함께
서울 옛길 느리게 걷기
03

물길 따라 더듬는 친일파의 잔해, 옛 골목의 추억

• 서촌 01 •

답사지

: 조선 왕조의 흔적 :
세종대왕 탄생지 표지석 / 영조의 잠저 창의궁터 / 광해군의 자수궁터, 인경궁터 / 안평대군 집터(수성동 비해당터)

: 조선 중후기 중인들의 흔적 :
송석원터

: 친일파의 흔적 :
윤덕영 딸의 집(현 박노수미술관) / 윤덕영 애첩의 집 / 이완용집터(현 옥인교회 일대), 윤덕영 별장터

: 근현대 인물의 흔적 :
이상의 집 / 이상범 화가 가옥 / 이중섭 거주지 / 윤동주 하숙집터 / 김가진 집터 표지석, 신익희 가옥

서촌은 경복궁 서쪽에 있는 마을이다. 자하문 터널을 지나면 시작되는 청운동, 효자동부터 사직단이 있는 사직동까지 아우른다. 조선시대에는 청계천 윗마을이라는 의미로 '웃대'라 불렸다. 인왕산 동쪽 면을 고스란히 차지하고 북악산 서남쪽을 바라본다.

어느 날 쉽게 접근했던 서촌 길에서 갈피를 잡을 수 없었다. 그 자리를 차지하는 시대와 인물이 다양했기 때문이었다. 유명한 서촌 길을 걷다 친일파의 흔적을 만났고, 그 흔적을 밟아가자 재개발로 죽어 있는 마을이 나왔다. 그뿐인가. 그 길을 벗어나면 사람이 소외되는 도심과 크게 다르지 않았다. 그러다 서촌의 품, 인왕산이 보였다. 그리고 비로소 깨달았다. 인왕산 아래에 방대한 역사의 켜가 쌓여 있음을.

하지만 아쉽게도 그 켜들은 쉽게 보이지 않았다. 북촌처럼 전통적인 상류 주거지가 아니었고 시대에 따라 자리의 주인이 뜨고 지기를 거듭했기 때문이다. 오랫동안 걷고 주의 깊게 바라보자 퍼즐을 하나씩 발견했고, 걸을수록 퍼즐이 완성됐다. 18세기 중엽에 그려진 〈한양도성도〉를 보면 인왕산 아래 자락을 남쪽부터 필운대, 수성동, 옥류동, 세심대, 청풍계, 백운동으로 표기하고 있다. 모두 골짜기를 낀 동네들로 대부분 인왕산에서 발원한 물길이 있었다. 이 물길들은 지금은 복개된 자하문로로 흘러 청계천으로 합류했다.

서촌의 길을 들여다보면 옛 물길이 그대로 도로가 된 곳이 많다. 그래서 서촌의 첫 키워드를 인왕산 자락 사라진 '물길'로 잡았다. 서촌은 시대별로 접근하지 않고, 길 따라 만나는 이야기로 풀어나가려 한다. 어차피 기억은 시간 순이 아니라 '사람'이나 '사건'이기 때문이다. 시대별로 퍼즐을 맞추는 것은 그 다음 문제다. 옛 물길과 골목을 걸으며 여러 시대의 켜들과 맞닥뜨리면, 서촌이 시공간을 초월한 커다란 도시 박물관임을 깨닫게 될 것이다.

옛 물길 위에 떠도는
친일파의 잔해

옥류동천길

현재 서촌에서 가장 유명한 길은 원래 물길이었다. 옥류동천玉流洞川길은 경복궁역 2번 출구로 나와 자하문로 7길에서 시작해 수성동 계곡에서 끝난다. 지금은 체부동, 통인동, 누하동, 누상동, 옥인동이 섞여 있다. 한양 안에는 북악산, 인왕산에서 발원되는 물길이 많았지만 인구가 증가하면서 자연스레 물길은 도로로 변했다. 산 모양 따라 휘어져 돌던 골은 그렇게 길이 되었다.

지금도 휘돌아가는 길들을 보면 옛 골짜기가 보인다. 골짜기를 지키는 나무들로 푸르렀던 풍경은 사라졌지만 이제 길은 물 대신 사람들을 담는다. 물길의 종착점이 인왕산인 것은 지금도 마찬가지다. 옥류동천길을 걷다 고개를 들면 그 끝에 인왕산이 서 있다.

옥류동천길은 정겹다. 낡고 오래된 건물들도 허물지 않고 고쳐 사용한다. 1930년대부터 1960년대까지 지어진 도시 한옥은 근사한 빈티지 건물로 변신했 원래 물길이었던 서촌 옥류동천길의 소소한 풍경들.

물길 따라
더듬는
친일파의
잔해,
옛 골목의 추억
●
서촌 01

다. 70년대부터 최근까지 시대에 따라 지어진 건물들이 두루 섞여 있다. 오래된 서점, 예술가의 작업실, 눈요기가 되는 상점 등이 거리를 채우고 사람들은 옛 물길 따라 자신도 모르게 인왕산을 향해 걷는다. 청량했던 자연 대신 소소한 도시의 풍경에 마음을 빼앗기면서 말이다.

그 길에서 천재 작가를 만나니 바로 통인동 '이상의 집'이다. '이상의 집'은 요절한 천재 이상1910~1937이 세 살부터 스물세 살까지 살았던 집터의 일부다. 시민 기금으로 문화유산을 보전, 관리하는 단체인 문화유산국민신탁에서 이 집을 살려냈다. 게다가 무료로 개방하니 이보다 좋은 사랑방이 없다. 덕분에 이상이 살던 시절을 공유할 수 있게 됐다.

'이상의 집' 전경. 이상이 살던 집터의 일부를 복원했다.

실내 철제문을 열면 계단 끝으로 빛이 쏟아진다. 비상과 자유를 갈구했던 이상의 영혼을 닮았다.

이상의 집은 사람들을 끌어당기는 자석 같다. 투명한 유리로 내부를 아낌없이 보여주고 볕 좋은 중정으로 사시사철 햇살이 쏟아진다. 그리고 커다란 철제문을 열면 좁고 어두운 계단이 나타나고 그 끝으로 찬란한 빛이 쏟아진다. 빛에 이끌려 계단을 오르면 마당으로 떠 있는 작은 공간을 만나고 비로소 자유를 향해 날 준비를 한다. 그곳에서 우리는 기존 문학의 형태를 해체하고 한국 문학의 모더니즘을 이끌었던 이상을 만날 수 있다. '날자, 날자, 한 번만 더 날자구나.' 외치던 그를 말이다.

이상은 아들이 없던 큰아버지에게 입양된 후 거부할 수 없는 전통의 사슬에 묶여 있었지만 그의 영혼은 끝없이 자유를 갈망했다. 예술이란 매개체를 통해서. 그가 건축가이자 문학가이자 화가였던 이유가 그렇다. 그는 서촌에서 인생의 대부분을 보냈지만, 정작 그의 작품에서 서촌에 대한 기억을 찾기는 어렵다. 그에게 서촌은 자신을 가두는 새장이었을지도 모른다.

답사를 다니다 보면 역사 속 인물을 다시 만날 때가 있다. 그중 하나가 윤덕영1873~1940이다. 공주 계룡산 갑사 한 켠에 한옥 찻집이 하나 있다. 수려한 모습이 범상치 않다 생각했는데, 후에 윤덕영의 별장이라는 사실을 알게 되었다. 윤덕영은 순종의 황후인 순정효황후의 큰아버지로, 대통령 비서실장 격인 '시종원경'이었다.

15년간 순종 황제의 관리를 담당한 조선총독부 사무관 '곤도 시로스케'가 쓴 〈대한제국 황실비사〉는 읽기가 괴로운 책이다. 일본인의 시각에서 한일합방을 칭송하며 대한제국의 황실을 조명하고 있기 때문이다. 이 책은 윤덕영을 고종을 집요하게 압박해 순종의 도쿄 방문과 천황 알현을 성사시킨 인물이자 고종의 반대에 부딪쳤던 난제들을 능수능란하게 해결한, 이완용을 넘어선 최고의 충성가라고 평했다. 또한 한일합방의 일등 공신이면서 조선에서 평판이 가장 나쁜 인물로 윤덕영을 묘사했다. 곤도 시로스케는 그가 가장 중대한 일을 해냈다고 했는데, 책에서 그 내용을 밝히지 않았다. 윤덕영이 고종 독살설의 주인공으로 지목되는 것과 무관하지 않은 대목이다.

친일파 윤덕영이 옥인동 자락에 지은 프랑스풍 초호화 주택, 벽수산장의 모습.(왼쪽)
'벽수산장' 출입구 돌기둥은 아직도 건재하다. 그중 하나의 모습(필운대로 7길 6-17). (오른쪽)

그런 윤덕영을 서촌 옥류동천길에서 다시 만났다. 종로구립 박노수미술관은 윤덕영이 딸에게 지어준 초호화 주택이다. 현재 옥인1동은 옥류 계곡이 있던 자리로 대부분이 윤덕영의 땅이었다.

대한제국 시절까지 옥인동은 대갓집과 민가로 가득했다. 하지만 친일파의 소유로 넘어가면서 폭력적으로 변하고 만다. 윤덕영은 인왕산 봉우리 바로 아래에 '벽수산장'이라는 프랑스풍 초호화 건물을 장장 20년간에 걸쳐 완성했다. 북악산 아래 조선총독부와 똑 닮은 설정으로 공간을 지배하며 천하에 자신의 친일을 알린 것이다. 벽수산장은 1970년대 도로확장으로 해체되었지만 여전히 옥인동엔 친일파의 흔적이 잔해처럼 떠돈다.

사실 윤덕영보다 먼저 옥인동 땅을 잠식한 사람은 친일파 이완용1858~1926이다. 옥인동 19번지 일대는 이완용의 집터로 옥인교회를 포함, 옥인동 파출소와 종로구 보건소 등이 위치하고 있다. 당시 대한제국의 총리대신이었던 이완용은 한일합방의 핵심적인 인물이었으며 일본 정부로부터 3,000평이 넘는 옥인동 땅을 하사받았다. 윤덕영은 이완용의 땅 뒤쪽에 그보다 4배가 훌쩍 넘는 땅을 사

인왕산로에서 바라본 서촌의 남쪽 일대. 왼쪽 산 아래 부분이 옥인동이다. 그 일대 모두가 친일파 윤덕영의 소유였다. 그 옆으로 통인동, 옥류동천길 일대가 보이고 수성동 계곡으로 골이 이어진다. 오른쪽으로 인왕산이 서촌을 감싸며 낮아지는 능선 아래로 배화여자대학교와 고등학교 건물이 들어서 있다.

들였다. 이완용과의 친일 경쟁은 옥인동에서 절정을 이룬다. 둘은 장충단에서 이토 히로부미1841~1909의 추도회를 함께 열기도 했다.

　윤덕영은 벽수산장 가까이에 20여 채의 건물을 더 지었다. 지금은 애첩의 집과 딸의 집이었던 '박노수 미술관' 그리고 '벽수산장의 입구 돌기둥들'이 남아 있다. 특히 옥인동 47-133번지에 있는 애첩의 집은 한동안 순정효황후의 생가로 잘못 알려져, 남산한옥마을에 똑같이 신축되는 해프닝을 겪기도 했다. 애첩의 집은 부재가 너무 낡고 손상되어 이전하지 못했던 것이다. 친일

파의 집인 줄도 모르고 신축하고 원래 집은 낡은 채 방치되는 등 이래저래 남산 한옥마을의 윤씨 가옥은 모순투성이다. 도시에 남아 있는 친일파의 흔적을 지우는 것이 능사는 아니다. 미래 세대를 각성시키는 문화유산으로 삼아야 한다는 더 세심한 자각이 필요하다.

박노수1927~2013 화백은 윤덕영 딸의 집을 구입한 후 별세할 때까지 그곳에서 기거했다. 그는 집을 비롯해 자신의 작품과 고미술품, 수석 등을 종로구에 기증했고 그 집은 종로구립 박노수미술관으로 바뀌었다. 당시 최고의 건축가인 박길룡이 설계한 박노수미술관은 한국, 중국, 서양의 건축 양식이 두루 섞여 있다. 친일파의 집이든 독립운동가의 집이든 공공시설로 시민에게 공개하는 것은

종로구립 박노수미술관 전경. 친일파 윤덕영이 딸에게 지어주었던 집이다.

정선의 '수성동'. 간송미술관 소장.
계곡 위에 돌다리가 보인다.

바람직한 일이다. 치욕의 역사를 대면하는 것과 동시에 한국 미술계를 대표하는 거장의 작품을 감상하며 기부 문화까지 경험할 수 있으니 이보다 좋은 시민교육이 어디 있을까. 시공간을 초월해 장소가 재생되는 생생한 현장이 박노수 미술관이다.

박노수미술관을 지나 옛 오락실에서 추억을 곱씹고 벼룩시장을 기웃거리다 무심결에 눈앞에 맞닥뜨린 풍경. 그렇게 정선의 '수성동'이 성큼 들어왔다. 커다란 나무 한 그루가 옛 옥류동천길을 알리는 터줏대감처럼 나를 반겼고 그 뒤로 인왕산 암석 봉우리가 시선을 압도했다. 그리고 줄지어 서 있는 마을버스, 어린이집에서 들려오는 재잘거림, 낡은 빌라에 걸린 빨래들, 계곡을 찾은 사람을 맞이하는 찻집 등 소소한 일상들이 수성동 계곡에 바짝 다가가 있었다.

수성동 계곡의 전경. 겸재 정선의 '수성동' 그림에도 통 돌다리가 나온다.
인왕산의 비범함은 수성동 계곡에서 만개한다.

수성동 계곡은 옛 풍경을 간직한 '전통적 경승지'로 정선은 그 풍경을 그림으로 남겼다. 우선 정선의 그림에 나오는 통 돌다리를 찾았다. 돌다리 아래로 아찔한 절벽이 보였다. 서울에 이리 멋진 절벽을 가진 계곡이 있다니 인왕산의 비범함은 수성동 계곡에서 만개한다. 원래 계곡 오른쪽 언덕에는 1970년대 지어진 시범아파트들이 쭉 들어서 있었다.

한때 최고급 아파트였던 옥인시범아파트는 어느새 수성동 계곡을 해치는 천덕꾸러기가 되고 말았다. 결국 2009년 철거를 시작했고 수성동 계곡은 2012년 원래의 모습을 되찾았다. 오른쪽 언덕을 보면 옛 아파트의 흔적이 남아 있다. 시대에 따라 사람들은 흘러 들어오고 흘러 나간다. 시범아파트에서 하루 벌어 하루 살았던 사람들은 그렇게 흩어졌고 서촌도 새로운 자본과 사람들로 물갈이를 했다. 수성동 계곡이 다시 찾은 옛 옷을 잃지 말기를 바란다.

옛날에는 계곡물 흐르는 소리가 우레처럼 세찼다는데, 그 소리는 듣지 못하지만 바람에 사각거리며 인간을 위로하는 자연의 소리는 지금도 여전하다. '수성동' 그림을 보면 선비들이 모여 담소를 나누고 있다. 아마 시를 지으며 풍류風流를 즐기는 듯하다.

조선의 선비들은 자연을 벗하는 것이 멋을 아는 것이요, 예술을 아는 것이요, 자신을 수양하는 것이라 여겼다. 안평대군이 그곳에 집을 지었고, 정선이 그곳을 그렸고, 추사 김정희가 그곳을 시로 남겼다. 수성동 계곡에는 풍류가 차고도 넘쳤다.

서촌 인왕산 자락의 수려한 풍경을 보고 있자니 자연이 인문학에 얼마나 큰 영향을 주는지 새삼 깨닫는다. 북촌은 대대로 권문세가의 본거지였지만, 서촌은 보다 복합적이다. 양반 문화와 위항 문화가 뒤섞여 있는 것이다. 18세기부터 중인 이하 계층이 주도한 문학 활동을 위항문학委巷文學이라 하는데 '위항'은 좁고 지저분한 거리란 뜻이다.

위항문학은 정조 때 평민 출신 시인인 천수경이 인왕산 골짜기에 있는 자신

벽수산장 각자 아래 친일파 윤덕영의 모습. 벽수산장 각자 옆으로 송석원 각자도 희미하게 보인다.

의 집, 송석원松石園에서 중인 출신 시인들과 함께 문학 단체 '옥계시사玉溪詩社'를 결성하면서 시작됐다. 이들은 대부분 글과 관련된 직업을 갖고 있었고 모두들 인왕산 남쪽 지역인 누상동, 누하동, 옥인동에 몰려 살았다. 18세기에는 지식이 더 이상 양반의 전유물이 아니었다. 화가 김홍도가 '옥계시사'를 그린 것도 위항 문학이 새로운 문예운동으로 영향력을 갖고 있었기 때문이다.

재미있게도 윤덕영은 벽수산장을 지은 후 스스로 그곳을 송석원이라 불렀다. 추사 김정희가 바위에 썼다는 '松石園'이라는 각자刻字, 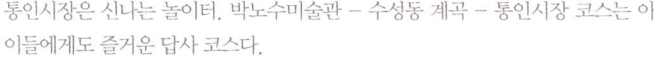 나무와 돌에 새긴 글자가 어딘가에 남겨져 있을 것이라 추정하지만, 정확한 위치는 알려져 있지 않다.

통인시장은 신나는 놀이터. 박노수미술관 – 수성동 계곡 – 통인시장 코스는 아이들에게도 즐거운 답사 코스다.

옛 골목에서
서촌의 미래를 보다

통의동 • 창성동 • 효자동 • 체부동 골목길

옹기종기 한옥이 모인 옛 골목길에 들어서면 호기심이 인다. 골목길 대문은 각 집안의 사연을 담은 빗장 같다. 대문 틈 사이를 자꾸 곁눈질하게 된다. 이 골목길에서 꺾으면 무엇이 나올까 궁금해지기도 한다. 앞에 무엇이 있는지 누구를 만날지 예측할 수 없다. 그래서 옛 골목에서는 우연과 인연이 넘친다. 그날 통의동에서 학창시절부터 좋아했던 유명 건축가를 만났다. 그는 통의동 현장을 감독하고 있었는데, 한옥을 재생하는 작업을 하는 듯했다.

자하문로와 효자로 사이에는 남쪽부터 차례로 통의동, 창성동, 효자동이 위치한다. 경복궁 서쪽과 바로 접한 동네들인데 옛 골목들이 세 동네를 관통한다. 그 골목들을 찾아가는 여정을 통의동 백송에서 시작하기로 했다. 통의동 백송은 우리나라에서 가장 큰 백송으로 천연기념물 제4호로 지정되었다가 1990년 태풍으로 고사되어 밑동만 남았다. 경복궁역 3번 출구에서 자하

골목길 속 대문은 각 집안의 사연을 담은 빗장 같다. 호기심에 틈 사이를 곁눈질하게 된다.(위) 통의동 백송의 모습. 영조가 왕이 되기 전까지 살았던 창의궁터에 있던 나무를 현재의 자리로 옮긴 것이다.(아래)

문로로 걷다보면 비석이 하나 보이는데 원래 백송이 있던 자리다.

백송은 옛 창의궁터에 있던 나무인데, 창의궁은 영조가 왕위에 오르기 전에 살았던 잠저潛邸다. 추사 김정희도 창의궁에서 자랐는데 영조는 추사의 외고조부다. 백송은 영조가 살던 곳을 홀로 지키다가 이제는 밑동으로 남아 비석이 되었다. 그 앞에 서면 옛 어른을 만난 듯 숙연해진다. 마치 마을의 당산나무처럼.

조선 건국 초기, 서촌에는 아무나 살 수 없었다. 왕족 일가가 자리를 잡고 있었기 때문이다. 태종 이방원1367~1422은 개성에서 태어났지만 한양 준수방에 사저가 있었는데, 바로 서촌 통인동 일대다. 그곳에서 세종대왕1397~1450이 태어났다. 서촌을 세종마을이라 부르기도 하는 이유다. 제1차 왕자의 난으로 희생된 이복동생 이방번1381~1398도 통인시장 바로 위 옥인동에 살았다. 세종의 아들이자 뛰어난 예술가였던 안평대군1418~1453도 서촌 수성동에 살았다. 조선 초 왕자들의 권력 다툼이 서촌 자락에 숨어 있다.

광해군은 서촌에 왕의 기운이 서려 있다 해서 자수궁, 인경궁, 경희궁 등을 지었다고 한다. 자수궁터 표지석은 옥인동에 남아 있다. 내자동 서울경찰청 자리는 인경궁이 있던 곳으로 정작 광해군은 인조반정으로 들어가 보지도 못하고 궁궐은 해체되었다. 그런데 재미있게도 그 흔적이 창덕궁에 남아 있다. 창덕궁 선정전은 왕과 신하가 정사를 논하는 편전인데, 인경궁의 광정전을 헐어 중건했다. 선정전은 유일한 인경궁 전각이자 궁궐 건물 중 유일한 청기와 전각이기도 하다.

한옥은 자신을 낮춰 빈틈을 만든다.
그 빈틈에 하늘과 산을 담는다. 창성동, 효자동 일대.

한 곳에 오래 머물거나 무언가를 평생 업으로 삼는 일은 예술과 맞닿아 있다. 답사가 나의 고유 의식이 되어 가듯 서촌 옛 골목은 각자 자신의 고유 의식을 만들어 가는 주체들의 집합소다. 건물도 그렇고 사람도 그렇다. 그래서인지 통의동 골목엔 갤러리가 많다. 발길을 붙잡는 전시가 있으면 조용히 들어가 한숨 돌리며 구경하면 된다.

그리고 때로는 '그 골목을 지나지 않으면 만날 수 없는' 기획전시와 여러 문화 퍼포먼스가 펼쳐진다. 그날도 통의동 골목에 들어서니 세계문자심포지아 이벤트가 한창이었는데 각 나라의 문자들이 길 위에 떠 있었다. 그 아래 백발의 노인이 무언가를 보고 계신다. 한눈에도 동네 토박이임을 알 수 있었다. 서촌의 옛 골목은 불쑥 얼굴을 내미는 문화 이벤트와 토박이들의 삶이 뒤엉켜 있다.

하지만 불과 몇 개월 전과는 다른 풍경과도 맞닥뜨린다. 그 깊숙한 골목에 어울리지 않는 상업시설. 길이 유명해지고 사람들로 넘쳐나면서 월세도 올라가 결국 쫓겨나는 생활인도 늘었다. 자본이 흘러 들어오면 오랫동안 쌓인 세월의 가치도 쉽게 무너진다.

통의동을 나와 창성동과 효자동으로 이어지는 굽은 길을 따라 걸었다. 이 길 역시 옛 물길로 경복궁으로 흘러 들어갔다. 다세대, 오피스 등 현대식 건물 속에 옛 집은 빈틈을 만든다. 그리고 빈틈은 하늘과 인왕산, 북악산을 담으며 풍경을 받아내는 작은 쉼표가 된다. 만약 지난 것을 모두 헐고 새로운 건물만 들어선다면 도시는 기억상실증에 걸릴 것이다. 그래서 옛 골목, 옛 집, 역사 유적은 도심의 생각구멍이자 숨구멍이다.

물길 따라 걷다보면 효자동의 해공 신익희 가옥과 만나는데 그 앞 사거리에 표지석이 하나 있다. 효성이 지극한 조선 초 인물, 조원1544~1595을 위해 나라에서 정려문을 세웠는데 그의 아들들도 효자로 소문나자 쌍홍문이라 불렸다. 이들의 효로 효자동이라는 이름도 나오게 됐다.

'세종마을 음식문화거리'로 불리는 체부시장 뒤에도 주택들만 오롯이 모여 있는 옛 골목이 있다. 먹자골목에서 조금만 들어가면 체부동 성결교회가 나오고 전봇대가 골목의 장승 되어 서 있다. 좁은 골목에서 전봇대는 전선을 휘어잡고 전선은 하늘을 날아다닌다. 아직도 사람 하나가 겨우 들어갈 수 있는 골목도 있다. 붉은 벽돌, 사고석, 시멘트까지 한옥은 각기 맞춤옷을 입고 골목을 차지한다. 게스트 하우스들은 깔끔한 외관을 갖추고 서울의 옛 골목 흥행에 동참한다. 어디에선가 여자들의 웃음소리가 새어나오면 고요했던 골목은 순식간에 활기를 띠고 공기마저 정겨워진다.

체부동 골목을 나와 한국화가 이상범1897~1972 가옥에 들렀다. 그는 1897년 공주에서 태어나 1942년부터 작고할 때까지 누하동 집에서 머물며 작품 활동을 이어왔다. 집은 'ㄱ'자 안채와 'ㅡ'자 행랑으로 구성된 전형적인 도시 한옥이다. 인구가 밀집한 도시에 지어진 한옥답게 방은 작지만 마당은 시원스럽다. 마당 한쪽 벽에는 예쁜 꽃담도 있어 집에 대한 그의 애정을 느낄 수 있다.

이상범은 한옥 앞에 양옥 '청전화숙'을 짓고 그곳에서 주로 그림을 그렸다. 이곳은 걷다 지칠 때 잠시 숨 돌리며 쉬어갈 수 있는 곳이다. 조선 후기 중인들이 모여 살았고 근현대까지 여러 예술가들이 거주했던 동네답게 곳곳에 의미 있는 집들이 숨어 있다.

서촌에 여러 계층의 삶의 켜가 고루 섞여 있는 것은 '경복궁 옆'이라는 정치적 이점과 '인왕산'이라는 지리적 이점이 버무려진 결과다. 왕이 되지 못하는 왕족이 머물던 서촌은 훗날 조선의 왕을 배출하는 땅이 되었다. 서촌을 구석구석

채부시장 뒤 골목의 모습. 집주인 따라 한옥은 각기 맞춤옷을 입고 있다.

물길 따라
더듬는
친일파의
잔해,
옛 골목의 추억

●

서촌 01

누비면서 세종대왕이 태어난 터, 광해군이 지었던 자수궁터를 짐작해보고 조선 후기 위항문학의 산실이 되었던 송석원 일대도 찾아가 보았다. 그러다 친일파가 남긴 잔해를 만났고 이상, 윤동주, 이중섭, 이상범 등 근현대 예술가들과도 조우했다.

　이처럼 학문, 정치, 예술, 문학 등 다양한 분야의 많은 이들이 서촌에서 자신의 목소리를 냈다. 그리고 인왕산에 기대어 자신만의 드라마를 만들었다.

한국 화가 이상범 가옥의 안채. 지칠 때 잠시 숨 돌리며 쉬어갈 수 있는 곳이다.

덕분에 서촌은 다양한 계급을 수용하는 공간으로 남게 됐다.

  서촌을 찾을 때마다 마지막은 늘 통인시장으로 끝맺곤 했다. 전통시장의 활기를 온몸으로 느끼고 나면 '기'를 한가득 받았기 때문이다. 친일파를 만난 후 참담했던 마음을 달래주었고, 아무리 돌아다녀도 머리에 딱히 떠오르는 게 없을 때는 머리를 식혀주었다. 그래서 통인시장을 지날 때마다 늘 깨닫는다. 옛 공간과 현재가 실타래처럼 얽혀 꿈틀대는 서촌길이야 말로 세월의 켜를 지우지 않은 진정한 서울의 모습이자 우리가 추구해야 할 미래라는 것을.

건축가 엄마와 함께
서울 옛길 느리게 걷기
04

정선의 그림 속으로,
잃어버린 시간 속으로

• 서촌 02 •

답사지

: 겸재 정선 그림 따라 :
필운대 / 청풍계 / 백운동 / 수성동 / 인곡유거 / 장안연우 / 인왕제색도 / 창의문 / 청송당

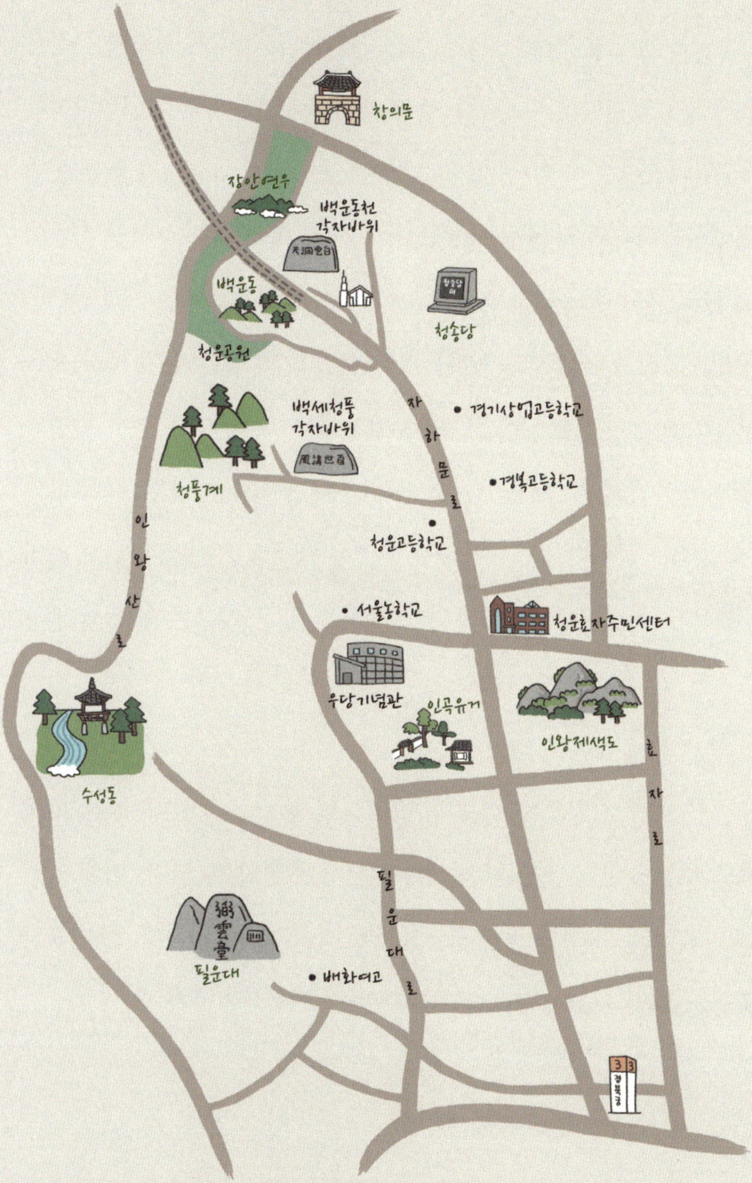

건축가는 '누군가'의 꿈을 '땅'에 실현시키는 직업이다. 그래서 장소와 사람을 보는 시선에 애정이 담겨야 한다. 답사 역시 옛 장소와 옛 사람을 들여다보는 행위로 건축 작업의 연속이라 할 수 있다. 답사를 통해 땅, 즉 지리가 인류 문명에 얼마나 큰 영향을 주었는지 새삼 깨닫는다. 이렇게 특정 장소에 특정 사람이 만들어낸 건조물의 집합이 도시다.

땅을 덮어버린 도시는 인공적인 지리를 탄생시켰고 옛 땅은 깊이 묻혀 오늘도 짓눌린 삶을 이어간다. 현상만 중시하는 세상에서 그 땅 아래 숨은 숨결과 그 산 아래 꽃피웠던 문화를 볼 줄 아는 눈을 키운다면 더 살기 좋은 세상이 되지 않을까. 옛 장소를 들여다보고 이해하는 훈련은 생각의 시야를 넓히고 배려하는 마음을 키운다. 서촌은 이런 '배려'와 '생각하는 힘'을 기르는 데 최적의 장소이다.

서촌 답사의 두 번째 키워드는 '겸재 정선이 그린 땅'으로 잡았다. 서촌의 묵은 땅은 기록도 유산도 아닌 옛 그림 속에서 생생하게 만날 수 있다. 겸재 정선 1676~1759은 인왕제색도, 수성동, 백운동, 청풍계, 인곡유거, 필운대 등 인왕산과 관련된 그림을 많이 그렸다. 그의 근거지가 바로 인왕산이었기 때문이다. 그는 북악산 서남쪽 기슭에서 태어났는데, 지금의 청운동 경복고등학교 인근이다.

    우리는 그의 그림을 통해 지금은 없어진 풍경과 그 안에서 피어난 역사를 살펴볼 수 있다. 그의 그림이 역사 기록인 셈이다. 정선은 조선의 풍경을 오롯이 조선인의 시선으로 그려낸 화풍을 선보였다. 한 시대의 정점에 서서 대작 '인왕제색도'를 완성했던 배경에는 '누가' 있었을까. 그 물음에 대한 대답이 서촌 옛 풍경에 있고, 그 풍경은 그의 그림 속에 담겨 있다.

안동 김씨의
땅

— 청풍계

고려대 박물관이 소장하고 있는 정선의 그림 '청풍계淸風溪'는 장엄하면서도 섬세한 터치가 일품이다. 인왕산의 절벽은 보기만 해도 시원하고 소나무가 드리운 녹음은 거의 흑색에 가깝게 표현되어 기품이 서려 있다. 단풍나무가 많은 계곡이라는 원래 의미 그대로 청풍계靑楓溪는 다양한 나무들이 공간을 채운다. 그리고 그 사이로 기와집과 연못이 보이고 정자도 숨어 있다.

9년 뒤 정선이 다시 그린 '청풍계간송미술관 소장'는 훨씬 대담하고 거침없다. 푸름이 짙고 짙어 숲을 헤쳐 들리는 바람 소리마저 짙게 들리는 듯하다. 그림을 보고 있노라면 바위산과 계류가 이루는 절경이 지금의 서촌 어딘가에 존재했었다는 사실이 믿겨지지 않는다. 그저 '百世淸風'이 새겨진 각자 바위만 남아 옛 명승지를 전설처럼 전할 뿐이다.

신교동에서 각자 바위가 있는 청운동으로 넘어가기로 했다. 농학교와 맹학

겸재 정선이 1730년에 그린 청풍계(淸風溪). 고려대 박물관 소장. 인왕산 아래 청풍계는 안동 김씨가 대대로 살던 곳으로 경치가 수려했다.

정선의
그림 속으로,
잃어버린
시간 속으로

•
서촌 02

교를 지나 인왕산 자락의 달동네에 이르러 우연히 골목 해설사 아주머니를 만났다. 각자 바위를 물으니 고개를 넘어가면 재벌가 옛 총수의 집이 나오고 그리 내려가면 된다 하신다. 좁고 긴 길, 높고 언덕진 길을 지나 필운대로 13길이 나왔고 그곳에서 우연찮게 거대한 암석 절벽을 만났다. 깎아져 내려온 수려한 절벽 위로 집들이 들어서 있었다. 청풍계 그림을 보면 커다란 절벽에 소나무가 서 있고 그 아래로 계류가 흐르는 부분이 있다. 사라진 풍경의 일

청운동의 한 빌라 아래 있는 백세동천 각자 바위(위)
자하문로 33길 언덕길을 올려다본 모습. 정면으로 보이는 인왕산 아래 도로는 원래 청풍계 물길이었다. 골짜기는 도로가 되었고 산등성이 위로 집들이 들어서 콘크리트 축대가 성벽처럼 늘어서 있다. (아래)

부라 생각하니 이 절벽마저 반가웠다.

절벽을 지나자 경사가 급한 내리막길, 자하문로 33길이 이어졌고 좌우로 높은 담을 친 단독주택과 고급 빌라가 들어섰다. 담이 높은 것은 능선에 집을 짓고 경사진 곳들을 콘크리트로 메웠기 때문일 것이다. 자하문로 33길 도로 아래 청풍계의 계류와 암반들이 숨어 있다.

급한 경사로를 따라가다가 두 갈래로 길이 나뉘는 지점, 한 빌라의 공터에서 '백세청풍' 바위를 찾았다. 콘크리트 벽 아래에서 힘겹게 빌라를 떠받치며 청풍계의 존재를 증명하고 있었다. 청풍계는 일제강점기 시절 일본 미쓰이 회사가 차지한다. '이곳이 계류가 돌아 흐르고 숲이 아름다워 도성 안에서 으뜸이었던 청풍계'라고 눈 부릅뜨며 지키는 각자 바위를 그때도 치우지 못했던 모양이다. 옛 사람이 남긴 각자는 후대에 전하는 역사의 마지막 보루 같다. 앞으로도 계속 맑은 기운의 본이 될 것이라는 뜻을 품고, 각자 바위는 청풍계의 문패 역할을 오늘도 성실히 수행하고 있다.

그렇다면 청풍계 속 기와집과 연못의 주인은 누구였을까. 청풍계는 오랫동안 안동 김씨의 세거지였다. 안동 김씨는 안동 풍산읍이 고향으로 16세기 중반에 장의동궁정동, 청와대 일대에 정착했고 이후 '장동 김씨'라 불렸다.

이후 장동 김씨는 창의문을 지나면 시작되는 인왕산과 북악산 양쪽을 거느렸다. 장동 김씨의 세거지가 확장될수록 장동의 영역도 남쪽으로 확장되었다. 장동은 경복궁을 조망할 수 있고 은신처로도 좋은 혜택 받은 땅이다. 겸재 정선도 장동의 여덟 풍경을 그린 '장동팔경첩'을 남겼다.

장동을 장악한 안동 김씨는 권력에서 멀어진 후에도 낙향하지 않고 서울에 머물며 경화세족조선시대 영화를 누렸던 서울 양반 계층의 대표적인 가문이 되었다. 장동 김씨가 명문가로 이름을 떨친 것은 '학문과 예술'의 힘이 컸다. 먼저 병자호란 때 김상용1561~1637과 김상헌1570~1652 형제가 '충절과 의리'로 조선 사대부의 표본이 되면서 가문을 알린다.

그리고 김상헌의 손자 김수항1629~1689이 영의정에 오르고 김수항은 김창집, 김창협, 김창흡, 김창업, 김창즙, 김창립 등 '육창'이라고 하는 6명의 아들을 두었는데 이들의 역량이 모두 뛰어났다. 육창은 숙종 때 옥사로 아버지와 큰형을 잃자 권력을 멀리하고 각자 학문과 예술에 생을 받치면서 18세기 문예활동에 큰 영향을 끼쳤다.

특히 김창흡1653~1722과 김창업1658~1721은 명문가 자손으로 평생 관직에 나가지 않고 은거하며 조선 후기 시대정신에 큰 영향을 미쳤다. 김창업은 큰형을 따라 북경에 다녀온 뒤 '연행일기'를 썼고 훗날 홍대용과 박지원에게 영향을 준다.

그는 그림에도 뛰어났는데 그의 서자인 김윤겸1711~1775 역시 정선의 진경산수 화풍을 이어받은 화가였다. 김창협1651~1708의 후손인 김원행1702~1771은 실학자 홍대용, 황윤석을 제자로 길러냈다.

정선은 북악산 서남 기슭의 집을 아들에게 물려주고 자신은 인왕산 동쪽 기슭으로 옮겨 생을 마감할 때까지 30년 이상 머문다. 그는 본인이 등장하는 그림은 거의 그리지 않았지만 인왕산 아래 자신의 거처를 그린 그림 '인곡유거'를 남겼다. 인곡유거 그림 속 선비가 바로 겸재 정선이다. 그는 청풍계 그림도 여럿 그렸다. 그곳이 장동 김씨의 오랜 세거지임을 감안한다면 정선과 장동 김씨와의 관계가 궁금해진다.

정선의 인곡유거. 간송미술관 소장. 인왕산 아래 자신의 거처를 그린 그림. 정선은 인왕산 동쪽 기슭에서 30년 이상을 살았다.

인왕산로에서 보이는 안동 김씨의 세거지 청풍계와 장동 일대. 사진 왼쪽 풍성한 숲이 청풍계다. 건너편 경복고등학교가 정선이 태어난 곳이고, 현재 궁정동과 청와대 쪽이 장동으로 안동 김씨가 한양에서 처음 자리 잡은 곳이다.

정선은 가난한 양반가의 맏아들로 태어나 일찍 아버지를 여의고 어린 시절부터 생계 전선에 뛰어들었다. 청년기에 대한 기록은 거의 없지만 그림을 통해 화가로 활동했음은 알 수 있다. 정선은 집 근처에 살던 장동 김씨와 자연스레 교유하면서 김창협, 김창흡, 김창업의 문하에 들어가 성리학과 시 등의 수업을 받았다. 그의 재능을 알아본 장동 김씨는 정선의 후원자가 되었고 김창집의 추천으로 관직에도 진출했다. 정선은 한강변, 금강산 관련 그림으로도 유명한데 36세에 경험한 첫 금강산 여행도 김창흡이 제자들을 데리고 떠난 여행에 동행한 것이다.

정선이 고유의 화풍을 완성했던 배경에는 그를 사랑했던 정조와 18세기 문예 르네상스에 기여했던 장동 김씨를 빼놓을 수 없다. 중국의 화풍에서 벗어나 자주적 화풍을 성취했다는 것은 역사적으로도 의미가 크다. 이처럼 '인왕제색도'와 '금강전도'에는 조선 후기의 시대정신이 깃들어 있다.

비록 청풍계를 한눈에 담을 수는 없지만 그 숲은 여전히 살아 있다. 청운공원 옆, 청운 어린이집 뒤편에는 인왕산 숲길이 있다. 청운동에서 옥인동으로 이어지는데 정선의 '청풍계' 숲을 고스란히 즐길 수 있다. 숲길을 지나다 예사롭지 않은 암반들이 보이기 시작하고 암반 정면으로 안동 김씨의 정착지였던 장동과 북악산이 보인다. 간혹 주민들과 마주치고 산비둘기의 청아한 소리가 숲을 가로지른다. 그러다 정선의 그림 속 소나무, 단풍나무 등이 겹쳐지더니 커다란 바위 위를, 그 사이를 지나고 어느새 청풍靑楓과 청풍淸風이 고스란히 섞인 풍경 속으로 들어와 있다.

정선의 인왕제색도. 간송미술관. (위)
경복고등학교에서 바라본 인왕산 자락 (아래)

옛 사람들은 걸을 수 없었던 청풍계 숲을 걷다니 암반을 뚫은 깊은 골에 감탄이 절로 나온다. 그 골 위를 가로지르는 흔들다리는 이 숲길의 정점이다.
　그림 속 둥글둥글하던 커다란 바위들을 대면할 때는 감동이 밀려온다. 덕분에 바위의 거친 살도 가까이서 볼 수 있다. 바위들은 표면에 주름처럼 골이 패여 있다. 사람처럼 나이가 드는 것일까. 골 따라 빗물이 흘러갈 텐데 오늘은 그 골에 꽃잎들이 가득하다. 바람 따라 꽃잎이 씻기면 다시 넝쿨이 자리를 잡고 자

란다.

　돌아가는 길에 잠시 숨을 고르는데 시원한 바람이 귀를 타고 흘렀다. 왼편으로 넝쿨이 파고든 암반이 묵직하게 서 있고 정면으로 흔들다리가 보인다. 멀리 북한산까지 시야에 들어온다. 눈 아래로는 막 피어오른 단풍나무들이 새초롬하다. 청풍계 숲이 이리 살아 바위 속, 그림 속을 유유자적 거닐다니, 마법 같은 순간이 바로 지금이리라.

그래도 정선의 청풍계 속을 오롯이 걸을 수 있다. 옛날에는 걷지 못할 계곡 위를, 바위 옆을 지나면 그림 속 청풍계를 온몸으로 느낀다. 왼쪽으로 청풍계 암반이 보이고 정면으로 청풍계 계곡을 가로지르는 흔들다리가 보인다.

잊혀진 명승지, 잊혀진 사람

백운동 • 독립운동가 김가진

정선은 인왕산 자락을 즐겨 그렸지만, '백세청풍' 각자 바위 같은 운명을 맞은 곳들이 많다. 그의 그림 속 풍경들은 서촌 어디쯤에 있을까. 정선이 그린 '백운동白雲洞'은 '청풍계'와 서로 이웃하고 있는데, 백운동에도 '백운동천'이라는 각자 바위가 남아 있다. 청운동이란 이름 자체가 청풍계와 백운동이 합해진 것으로 서촌의 오랜 명승지는 이렇게 동네의 이름으로 남아 회자되고 있다.

장동 김씨는 18세기 문예 르네상스를 여는 데 기여를 했지만 세도정치 가문이란 주홍글씨에서 벗어날 수는 없다. 힘없는 왕, 권력을 독점한 가문, 국제 정세에 대처하지 못한 나라, 제국주의 시대, 이 모든 것의 합작품이 경술국치이니 말이다. 그런데 뜻밖에도 백운동에서 장동 김씨의 독립운동 흔적을 만났다.

백운동은 창의문 아래의 인왕산 자락으로 자하문 터널을 비롯해 그 좌우 일대가 포함된다. 김상용의 12세손 김가진1846~1922이 그 땅을 소유했다. 그는 서

정선의 그림, 백운동. 국립중앙박물관 소장.

자로 태어나 실력으로 대한제국 장관이라는 최고의 지위까지 오른 인물이다. 젊은 시절, 서자 차별을 항의하는 상소문을 올렸고 이후 하위직을 거치면서 기술과 외교의 최전방에서 실무 능력을 쌓았다. 41세 되던 해, 마침내 정시문과에 급제해 고위관료의 길로 들어섰다. 이후 조선 개화와 외교정책을 주도했고 대한제국 시절 외무대신과 법무대신을 지냈다. 김가진은 누구보다 나라의 개혁과 부국을 원했지만 당시 대한제국은 일본에 의해 잠식돼 가고 있었다. 극렬히 반대했던 을사늑약이 체결되자 스스로 관직을 버리고 애국계몽단체 활동에 전념한다. 그 후 백운동 땅이 동양척식주식회사에 저

백운동의 '백운동천' 각자는 동농 김가진이 새긴 것이다. (위)
백운동천의 각자 앞에는 몽룡정이라는 정자가 있었다. (아래)

당 잡히자 가세가 기울기 시작했고 사직동, 체부동으로 집을 옮겨야 했다.

그는 대한제국 고위관리에게 주었던 남작 연금도 거부한 채, 1919년 74세의 나이에 독립운동을 위해 아들만 데리고 상해 임시정부로 떠난다. 그리고 비밀 독립운동단체인 대동단 총재직을 맡아 상해 임시정부를 지원했고 고종의 다섯째 아들이자 독립운동가인 의친왕1877~1955의 중국 망명에도 주도적 역할을 했다. 같은 안동 김씨 일가인 김좌진 장군의 추대로 항일 무장투쟁도 계획했다. 하지만 3년 후, 그는 큰 뜻을 다 펼치지 못하고 별세하고 만다. 일본은 대한제국 시절 고위관리에게 지위와 부를 보장했다. 옥인동의 윤덕영과 이완용은 그것을 택했고, 김가진은 조국의 독립을 택했다.

미뤄뒀던 백운동천 각자 바위를 보러 가는 길, 한파로 땅마저 동면에 들어가 발걸음이 조심스러웠다. 자하문 터널 직전, 예수그리스도 후기성도교회로 이어지는 오르막길이 나온다. 그 길 끝에 '백운동천'의 각자 바위가 있다. 백운동 일대는 예수그리스도 후기성도교회와 청운 벽산빌리지를 포함해 1만 여 평에 달했다. 교회를 지나자 컨테이너 박스가 나타나더니 곧 건설자재와 쓰레기가 발걸음을 붙잡았다.

수성동 계곡 외에는 서촌의 명승지가 모두 홀대를 받는다. 신록이 우거질 때 제법 울창할텐데 스산한 분위기에 기가 눌렸다. 겨우 발을 떼어 걸음을 재촉하니 바로 숲속 너른 공터가 나왔다. 그리고 곧 김가진이 새긴 '백운동천' 각자 바위가 눈에 들어왔다. 제법 당차고 힘찬 위용이 느껴졌다. 주변에 여러 개의 골이 보였지만, 몸만 남은 나무들이 월동을 시작해 골은 마르고 낙엽만 무성했다.

능선을 따라 숲길을 조금 오르다 뒤를 돌아보니, 왼쪽으로 북악산이 가까이 보이고 멀리 자하문로가 보였다. 골에서 흐른 계류는 원래 물길이었던 자하문로를 타고 청계천으로 합류한다. 정선의 백운동 그림 속에서도 바위 아래로 힘차게 흐르던 계류가 천으로 합류하고 그 옆으로 선비가 당나귀를 타고 유유자적 창의문 쪽으로 갈 길을 재촉하고 있다.

백운동은 인왕산 골 깊이 들어앉아 세상 시름 버리고 은둔하기 좋은 곳이었다. 이름처럼 '흰 구름 위에 떠 있는 계곡'에서 물소리 벗하며 멀리 도심을 내려다보는 풍류가 그만이었을 것 같다. 그래서일까, 김가진이 떠난 뒤 백운정은 일본 요정으로 사용되기도 했다. 속세와 떨어져 자신을 수양하고 풍류

인왕산 명승지 중 하나였던 백운동 일대. 지금은 적게나마 울창한 숲을 느낄 수 있다.

를 즐기던 자리가 쾌락을 즐기는 곳으로 변하다니, 장소에 대한 모욕이란 바로 이런 것이리라.

백운동천 각자 바로 앞에는 몽룡정이라는 정자가 있었다. 그 정자 앞에서 김가진이 찍은 사진이 전해지는데 작은 체구지만 야무진 입매와 강인하면서도 따스한 눈빛이 인상적이다. 그는 인생 끝자락에 조국의 '독립'을 위해 온 몸을 바쳤다. 하루 빨리 중국 상하이에 있는 그의 묘가 국내로 이장되길 바란다.

경복궁역 2번 출구에서 나와 조금 걸으면 체부동 시절 김가진이 살았던 집터를 표시한 표지석이 있다. 알고 찾지 않으면 눈에 잘 띄지 않는다. 이곳 백운동에 독립운동가가 살던 터라는 간략한 안내문을 세우는 것이 그리 어려울까. 백운동을 내려오면서 왠지 모를 죄스러움이 밀려온다. 그리고 또 다른 잃어버린 풍경, 필운대에서 그 감정을 다시 맞닥뜨리게 된다.

난蘭 잎으로
칼을 얻다

필운대 • 독립운동가 이회영

체부동 옛 골목길을 누빈 후, 시장에서 목을 축이고 '필운대'로 향했다. 배화여고 학생들에게 필운대를 물으니 전혀 모르는 눈치다. 그도 그럴 것이 학교 건물 뒤편에 그 누구의 눈에도 띄지 않게 옹색하게 서 있기 때문이다. 우리 땅의 역사와 정체성을 눈 뜨고도 보지 못하는 현실이 씁쓸했다.

옛날에는 필운대 오르는 길에 복사꽃이 많아 꽃놀이로 유명했다. 언덕 아래로 단아한 연분홍빛 복사꽃이 가득하고 저 멀리 도심과 한강까지 보였던 필운대는 최고의 전망대였다. 지금은 배화여고 건물에 가려 서촌도 거의 보이지 않는다.

그렇게 필운대 앞에 서자 콘크리트 벽과 한 몸이 된 커다란 바위가 묵은 세월을 안고 길게 펼쳐져 있었다. 순간 청송당을 찾았을 때와 같은 감정이 밀려왔다. 정선의 '청송당'은 북악산 아래 옛 명승지를 그린 그림이다. 현재 경복 고등

정선의 그림, 필운대. 간송미술관 소장. 필운(弼雲)은 이항복의 호이기도 하다.

학교에 그 터가 남아 있는데 그 운명이 필운대와 비슷하다. 경복고, 배화여고 같이 유서 깊은 학교들은 이렇게 옛 명승지를 잠식해 들어왔다.

필운대는 옥류동, 수성동, 청풍계, 백운동 등과 함께 인왕산의 명승지 중 하나로, 선조 때 명 재상으로 이름을 떨쳤던 이항복1556~1618의 집터도 그 근처에 있었다. 언제 붕괴될지 몰라 접근조차 조심스러운 필운대를 훑어보았다. 지금 남아 있는 모습은 정선의 그림 중 어느 지점일까. 그림 속 맨 아래 기와집은 이항복 자손의 거주지일 것이고 커다란 바위 아래로 흐르는 물길은 현재의 체부시장 쪽으로 이어질 것이다. 정확한 지점은 알 수 없지만 바위가 올곧게 서 있는 형체는 지금도 비슷해 보인다. 하지만 현재의 필운대는 위태롭기만 하다. 어쩌면 자연의 품이 사라지고 홀로 남은 탓일지도 모르겠다. 커다란 바위가 그 자리에 있고, 절벽이 올곧게 서 있고, 그 틈을 소나무가 채우는 것은 모두 자연의 물리적 힘이 서로 당기고 끌어주기 때문이다.

정선이 그린 필운대 속 절벽이 아직 남아 있다.
하지만 붕괴의 위험 때문에 곳곳을 콘크리트로 덮어 고정했다.

어느 날, 정동을 답사하다 을사늑약이 체결된 중명전을 찾았다. 1층엔 중명전과 관련된 전시가, 2층엔 기획전시가 한창이었다. '난잎으로 칼을 얻다' 제목에 이끌려 2층으로 올라갔고 그렇게 독립운동가 우당 이회영1867~1932과 대면했다. 긴 망명생활 동안 독립운동 자금을 모으기 위해 묵란을 쳐서 팔았던 그의 일화가 인상적이었다. 그를 서촌 필운대에서 다시 만날 줄은 몰랐다.

이회영은 이항복의 직계 자손이다. 경주 이씨는 정승, 판서, 참판 등 줄곧 높은 관직을 지내며 조선시대 내내 명문가로 살았다. 그러니 재산은 오죽 많았을까. 이회영을 포함한 6형제들은 서울 명동, 개성, 양주, 평택 등의 땅을 소유한 재력가였다. 하지만 이들 형제는 일제강점기에 독립운동 사상 전무후무한 결단력을 보여준다.

6형제가 50여 명의 가족을 이끌고 1910년 만주로 망명해, 모든 재산을 독립운동 자금으로 사용하면서 진정한 노블레스 오블리주를 실천한 것이다. 이회영이 주도하고 그의 형제들 모두 동의한 결단이었다. 집안의 재산을 모두 처분하고, 둘째 석영이 양아버지로부터 물려받은 재산까지 수백억 원의 거대한 자금을 독립운동을 위해 아낌없이 내놓았다.

이회영과 형제들은 가장 먼저 만주에 신흥무관학교를 세워 무장투쟁을 위한 무관을 양성했다. 그리고 교육과 식량, 무기 등에 필요한 자금을 충당했다. 형제들은 만주, 베이징, 상하이 등지에서 항일 투쟁에 가담했다. 이회영은 65세에 만주 일본군 사령관 처단 계획을 추진하다가 일본에 체포된 후 뤼순 감옥에서 순국한다.

전 가족을 이끌고 고향 땅을 떠나고, 전 재산을 오롯이 독립운동에 바친다는 것은 어떤 의미일까. 생의 마지막에 자신의 목숨을 걸고 독립운동에 뛰어든 김가진의 마음은 어떤 것일까. 대한민국은 지난 1세기 동안 식민지에서 선진국을 바라보는 나라로 성장했다. 하지만 그 발걸음이 너무 빨랐던 탓일까. 친일은 청산하지 못했고 독립운동가는 보호하지 못했다. 독립운동을 하면 3대가 망한다는 말까지 생겨났다. 독립자금으로 재산을 다 써버려 가족을 돌볼 여력이 없었기 때문이다.

해방이 되었어도 독립유공자 후손들은 여전히 경제적 궁핍과 냉대 속에 어려운 삶을 이어가야 했다. 1962년 본격적인 포상사업이 시작됐지만 2009년 선정된 유공자는 겨우 1만여 명밖에 되지 않았다. 독립운동에 참여한 사람은 무려 300만 명이고 그중 순국한 사람은 15만 명이나 된다. 친일파의 후손이 재산권을 찾겠다고 소송을 제기하는 이 시점에서, 독립유공자들에 대한 처우 개선과 재산권 회복은 제대로 이뤄져야 한다.

땅이 사람에게 큰 영향을 미치는 것도 사실이지만, 반대로 사람이 땅에 의미를 부여하기도 한다. 우당기념관이 서촌에 세워진 것은 필연이 아닐까. 이회영을 기억하기 위해서라도 필운대는 꼭 보존되어야 할 것이다.

큰 아이와 우당기념관을 둘러본 후, 그 옆 신교동 계단을 올라 한 교회 마당에서 서촌을 내려다보았다. 정면으로는 남산이 보이고, 왼편으로는 백운동 일대와 우당기념관이 있는 신교동과 청운동 일대가, 오른편으로는 한때 친일파의 땅이었던 옥인동 일대가 보였다. 윤덕영의 별장, 벽수산장도 비슷한 위치에서 경성을 내려다보았을 것이다. 그 동안 이리저리 누비던 서촌의 길과 장소가 머릿속을 훑고 사라진다.

서촌은 곳곳에 역사의 흔적을 숨기고 있지만 인왕산만은 숨길 수 없는 과

경복궁역 2번 출구에서 멀지 않는 곳에 체부동 시절 김가진 집터의 표지석이 있다. 세로로 세워놓았으면 더 눈에 띄었을 텐데, 알고 찾지 않으면 잘 보이지 않는다. 이회영과 6형제의 집터 표지석은 명동 1가 1번지 작은 화단에 서 있다.

거이자 오늘이다. 그 인왕산을 누구보다 사랑했던 정선. 그의 그림은 나에게 서촌을 안내하는 안내서이자 역사책이었다. 그가 살았던 시대의 정신, 변화의 물결 등도 그림을 통해 알 수 있었다.

그리고 세도정치 가문으로만 알았던 장동 김씨의 다른 모습도 보았다. 그들

서촌 신교동의 우당 기념관 옆 전봇대에는 이회영과 형제들의 그림이 그려져 있고 이회영의 글도 보인다. 누가 그렸을까. 누구든 그저 고맙다.(위)
이회영 기념관 앞 신교동 계단을 오르면 북악산이 보이고 서촌 북쪽과 서울 도심이 펼쳐진다.(아래)

은 하나의 키워드로 규정되지 않는다. 선비정신, 실학적인 문예정신, 세도가, 독립운동까지, 안동 김씨는 시대정신의 조류를 가장 가깝게 탄 가문이라는 생각이 든다. 그들은 조선에서 대한제국으로 이어지는 파란만장한 이 나라의 역사와 가장 가까이 맞닿아 있다.

　눈을 돌리니 당당한 봉우리를 뽐내던 북악산이 이내 자신을 땅으로 살포시 내려놓고 서울 도심과 한 몸이 되었다. 하늘이 유난히 맑아 북악산과 도심의 실루엣이 더욱 또렷하다. 마치 '서촌의 친일 흔적과 맞서 싸운 이들, 김가진과 이회영이 여기에 있었다.'고 외치는 듯하다. 장소란 어떻게든 옛 흔적을 남긴다. 그래서 우리는 답사를 통해 글로만 배우던 역사를 입체적으로 만날 수 있다. 특히 서촌은 답사의 진정한 의미를 보여준다. 정선의 그림 따라 서촌을 유랑하면서 역사와 사람, 도시와 사회를 입체적으로 바라봐야 한다는 사실을 되새겼다.

건축가 엄마와 함께
서울 옛길 느리게 걷기
05

그곳에
문화 독립운동가들이
있었네

• 성북동 •

답사지

성북천길 → 최순우 옛집 → 선잠단지 → 간송미술관 → 수연산방(이태준 가옥) → 이종석 별장 → 심우장 → 성락원 → 길상사

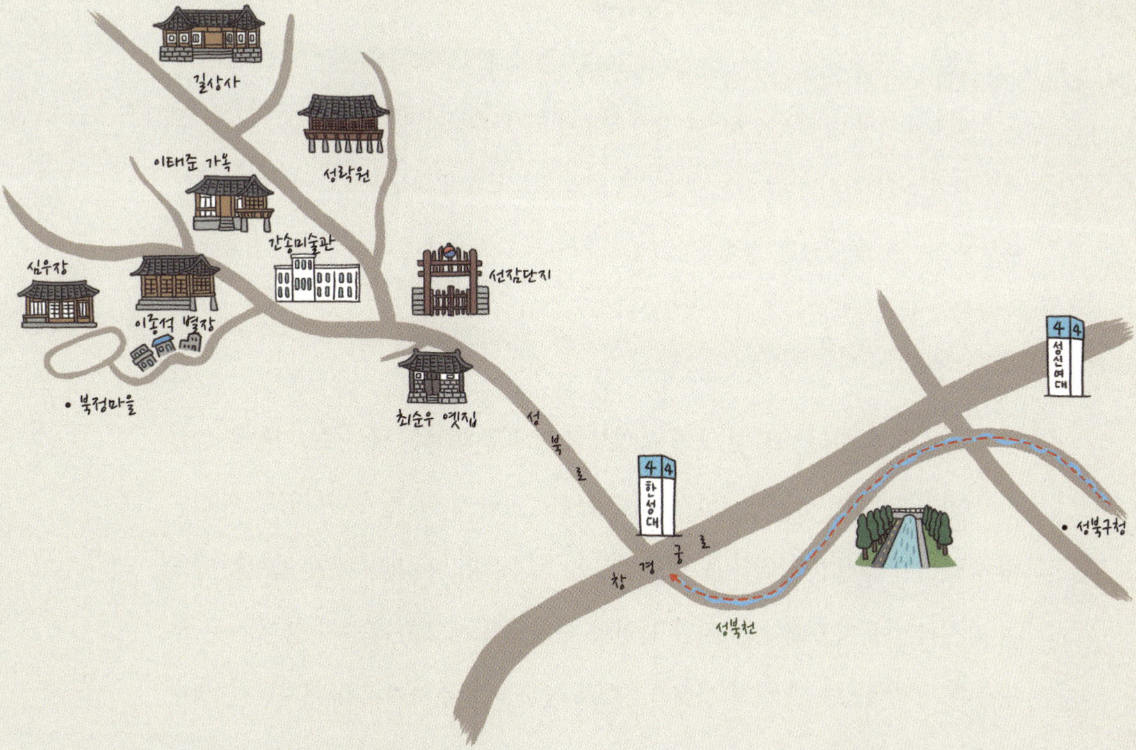

물은
다시 길을 찾고

복원되는 옛 물길들

별주부와 토선생은 육지에 때 놓고 온 토선생의 간을 가지러 다시 육지로 가려 했으나, 해양 쓰레기와 둑길에 막혀 육지에 상륙할 수 없었다. 그러던 중 비토 갯벌 복원사업으로 갯벌이 되살아나고 바닷길이 뚫려 육지에 다다를 수 있었다. 별주부는 갯벌이 살아난 비토섬이 정말 좋아 용궁으로 돌아가지 않고 토선생과 이곳에 정착해 행복하게 살았다.

윗글은 경남 사천 비토섬 갯벌 복원사업 안내문에 적힌 글이다. '기능을 상실한 갯벌을 복원한 역간척 사업지'라는 설명도 덧붙어 있다. 우리나라는 1990년대 중반까지도 개천을 막고 도로를 만드는 복개사업, 갯벌을 채워 농토로 만드는 간척사업에 치중했다. 하지만 자연이 훼손되고 새로운 오염이 생기는 등 부작용이 심각해졌다. 오히려 생태환경으로 창출되는 부가가치가 커지면서 '생태보존'이 새로운 패러다임으로 떠올랐다. 그 패러다임은 '별주부전'의 이야기까지 바꿔놓을 태세다.

서울도 2005년 청계천 복원 등 하천을 본래의 모습으로 되돌리는 작업이 진행 중이다. 그중 성북천은 2002년에 시작해 8년만인 2010년, 일부 구간이 복원됐다. 하지만 '성북동길'이라 불리는 성북천 상류지역은 아직 복원되지 않았다. 난개발로 복잡해진 하수관 때문이다.

성북천은 북악산 동쪽에서 발원해 성북동을 지나 삼선동, 안암동, 신설동을 거쳐 청계천으로 합류한다. 만약 북악산 인왕산 자락의 옛 물길이 지금도 온전히 남아 있다면 서울의 경관은 어땠을까. 성북동길 답사 전에 복원된 성북천을 거슬러 올라가 보기로 했다. 추운 날씨에도 많은 사람들이 물길에 의지해 길을 오갔고, 성북천은 그 모든 인생을 받아내고 있었다. 청량한 물소리는 사람들에게 작은 위로를 건네는 듯했다. 도심에 이런 물길을 갖는다는 것이 얼마나 큰 행운인가. 물길만 살려도 서울의 경관은 더 다채로워지고 사람들의 삶은 더 건강해질 것이다.

복원된 성북천은 한성대입구역에서 끝나지만 본래는 성북길 따라 북악산 쪽으로 계속 이어져 있었다. 성북동길에 들어서면 한눈에 그곳이 물길이었음을 알 수 있다. 복개된 도로들은 마치 물이 흐르듯 곡선으로 이어지기 때문이다. 그리고 옛 물길 위의 산등성이는 달동네부터 대사관저, 대저택 등으로 채워지고 그들은 북악의 아름다운 자연을 차별 없이 누린다. 정조 시절 기록에 따르면 성북동에는 복숭아나무가 많아 봄날이면 꽃구경하려는 사람들로 북적였다.

    지금은 그 길에 70~80년대 상점과 빈티지 상점들이 두서없이 섞여 새로운 시너지를 만든다. 문득 4차선 도로 일부분을 하천으로 복원하고 그 길에 복숭아나무를 심으면 어떨까 싶었다. 그러면 봄날의 성북동은 도심 속 '일장춘몽'이 되지 않을까. 상상에 젖어 걷다 보니, 최순우 옛집 골목에 다다랐다. 휘어진 골목에는 몇몇 도시 한옥이 생을 이어갔고 최순우 옛집도 골목에 남아 도시의 작은 숨구멍이 되었다.

성북천은 모든 사람, 모든 인생을 껴안고 품는다. 졸졸졸 물소리는 소음으로 가득한 도심 속 작은 위로이다.

문화 독립 만세

최순우 옛집 • 간송미술관 • 심우장

최순우 옛집 안마당에는 키 큰 향나무가 서 있다. 향나무가 120년 되었다니, 이 집보다 나이가 많다. 향나무는 앞마당의 오브제가 되어 하늘을 덮었고 그 아래 소나무는 조심스레 향나무를 향해 가지를 뻗어 멋을 낸다. 모란과 대나무가 소나무 옆을 채우고, 작은 연못에는 수련들이 떠다닌다.

최순우 옛집은 'ㄱ'자형 본채와 'ㄴ'자형 바깥채가 마주보는 튼 'ㅁ'자형 한옥이다. 'ㅁ'자 한옥은 자연스레 안마당을 만드는데 향나무가 안마당을 가득 채운다. 아마도 최순우는 이 자리의 터줏대감인 향나무를 중심으로 집을 지은 것 같다.

안마당이 향나무의 정원이라면 뒷마당은 자연의 완전체다. 계절 따라 자연의 희로애락을 보여주기 때문이다. 한눈에도 뒷마당의 풍경은 범상치 않았다. 키가 크든 작든 나무들의 품격이 달랐고 풀들도 예사롭지 않았다. 돌을 깎아 만든 소담한 연못조차 섬세했다. 허투루 심고 가꾸지 않았을 주인의 정성에 나무, 꽃, 풀들의 이름이 궁금했다. 그래서 직원에게 그들의 이름을 소개해 달라고 부탁했다.

모과나무, 감나무, 밤나무 등 유실수를 비롯해 향나무, 소나무, 신갈나무, 단풍나무 등 키 큰 나무가 서 있고 산수유, 매화, 모란 등 꽃나무들이 그 사이를 채운다. 디딤돌과 경계석도 모양새가 다 다르다. 빗물받이 돌그릇도 같은 게 없다.

최순우 옛집 안마당엔 이 집보다 나이가 많은 120살 된 향나무가 서 있다. 아마 최순우는 향나무를 중심으로 집을 지은 것 같다.

본채 뒤뜰의 모습. 뒤뜰에는 종류별로 다양한 나무와 꽃, 풀들이 자연을 완성한다.
본채 뒤로 쭉 이어진 쪽마루는 뒤뜰을 감상하는 자리다.

작은 돌조차 각자의 개성을 존중한 것이다. 이 모두가 모여 세련되고 자연스런 품격의 아우라를 만든다. 모두 만든 이의 안목과 정성으로 완성됐다. 한국의 미를 누구보다 사랑했던 최순우의 열정이 고스란히 느껴지는 정원이다.

> 좁은 뜰에 가지가지 산나무들과 조촐한 들꽃들을 가꾸면서 호젓하면서도 스산한 산거의 멋을 즐겼고 남의 기름진 뜰이 부러운 줄을 모르고 살아왔으니 나에게는 이 산나무들과 들꽃들이 지닌 미덕이 그리도 컸다고 할 만하다.
>
> — 최순우의 〈날날으로 본 한국미〉 중에서

혜곡 최순우1918~1984는 제4대 국립중앙박물관장을 지내고 〈무량수전 배흘림 기둥에 기대서서〉라는 책으로 유명한 미술사학자다. 그는 한국전쟁 때 부산으로 피난 가면서 박물관의 유물들을 안전하게 옮기는 역할을 했을 뿐 아니라 1950~60년대 미국, 유럽, 일본에서 전시회를 열어 우리 문화재를 알리는 데 큰 공헌을 했다. 최순우는 특히 백자를 좋아했는데 그날도 '흰 빛의 세계–박영숙 백자 전展'이 열리고 있었다. 짙고 깊은 나무색을 입은 한옥은 순결하고 우아한 백자와 잘 어울린다. 마치 음양이 조화를 이룬 듯. 최순우는 한국의 미를 '온건, 조촐, 청초'라고 정의 내렸는데 '백자'와 '한옥'이 그 모두를 담고 있음을 알았던 것일까.

최순우 옛집이 의미 있는 또 다른 이유는 시민의 기금으로 보존되었다는 것이다. 이 집은 내셔널트러스트 시민문화유산 제1호다. '내셔널 트러스트 운동'은 시민의 모금, 기부, 증여를 통해 보존 가치가 있는 자연환경과 문화유산을 사들여 영구 보전, 관리하는 단체이다. 시민들이 자발적으로 문화재를 보호 관리한다는 점에서 의미가 크다. 최순우 옛집은 재개발 추세로 없어질 위기에 처했다가 시민운동으로 살아나 한국의 미를 알리고 있다.

그날 아이들은 풍성하고 아기자기한 정원의 이곳저곳을 누볐다. 둘째 연우는 뒤뜰 쪽마루에 엎드려 한참 동안 노래를 불렀다. 쪽마루는 자연의 속살을 섬세하게 살피는 자리이자 바람, 하늘, 별, 눈, 단풍 등 자연을 맞이하는 곳이다.

성북동에는 근현대 예술인들이 많이 살았다. 어릴 적 청력을 잃었던 김기창

최순우 옛집 쪽마루에 앉아 노래를
부르는 연우(위)
DDP 간송미술관전에서 나연.(아래)

그곳에
문화
독립운동가들이
있었네
●
성북동

화백과 한국 추상미술의 선구자, 김환기를 비롯해 시인 조지훈, 소설가 이태준 등이 성북동을 거쳐갔다. 최순우의 집은 예술·문화계의 사랑방 역할을 톡톡히 했다.

그중 한국의 미를 지키기 위해 일생을 바친 간송 전형필1906~1962을 **빼놓**을 수 없다. 전형필은 서울 종로에서 부를 쌓은 선대로부터 어마어마한 재산을 물려받았고, 일제강점기 시절 문화재를 보호하기 위해 아낌없이 그 재산을 쓴 수장가이다. 그는 1938년 한국 최초의 민간 미술관 '보화각'을 세웠는데, 이것이 간송미술관의 전신이다. 최순우 역시 간송미술관의 작품들이 잘 보존되도록 힘쓴 사람 중 하나이다. 전형필과 최순우는 1960년에 고고미술동인회를 만들었고 잡지 〈고고미술〉을 함께 발간했다.

오래 전 신윤복의 '미인도'를 볼 기회를 놓치면서 나는 간송미술관이 꽤 야박하다 생각했다. 일 년에 딱 2번 봄가을에만 보름씩 무료로 개방을 했기 때문이다. 그러다가 2014년부터 DDP에서 장기간 간송미술관의 국보급 문화재를 전시하기 시작했는데, 76년 만에 간송미술관의 문화재가 외부로 대거 반출되는 획기적인 사건이었다.

학교의 과제로 신윤복을 조사했던 나연이는 그의 작품을 직접 본다는 사실에 설레 했다. 우리는 정선, 김홍도, 김정희, 장승업 등 조선 후기 대가들의 작품을 보며 행복해 했고, 그 작품들이 지금 우리 앞에 남겨져 있다는 사실에 감사했다.

간송 전형필이 문화재를 지키기 위해 돈을 아끼지 않았다는 일화는 많다.

성북동 간송미술관은 1938년 '보화각'이란 이름으로 만들어진 우리나라 최초의 민간 미술관이다. 훈민정음 해례본을 비롯해 국보 10점, 보물 20점 등을 소유하고 있다.

그는 일본인 '마에다'로부터 국보 제68호 〈청자상감운학문매병〉을 구입하기 위해 당시 기와집 20채 가격을 망설임 없이 주었다. 또한 〈훈민정음 해례본〉을 사들인 후 일본에 알려질까 숨죽이며 살았다. 해방 후 그는 정계에 진출하지도 않았고 언론과의 인터뷰도 거의 하지 않았다.

후손들은 미술사학과 고고학 등을 전공해 연구 보존에 힘쓰면서 선대의 정신을 이어갔다. 그리고 남들이 제사를 지내듯이 일 년에 두 번 전시회를 여는 것을 전통으로 삼았다.

그날 성북동길에서 그나마 풍성한 숲을 볼 수 있었던 곳은 간송미술관 자리였다. 간송미술관은 성북동 속에 요새처럼 숨어 1938년부터 지금까지 우리의 문화재를 보존, 관리하고 있다. 문득 정신과 가치도 후손에게 이어진다는 것을 다시 한 번 느낀다. 간송 전형필과 그의 자손들이야말로 진정한 애국자이자 장인들이다. DDP에서 열리는 간송미술전은 그 어떤 국제 행사나 전시보다 DDP의 품격을 높인다.

성북동길 사이사이 경사진 계단은 고단해 보인다. 골목과 계단은 산 정상과 가까워질수록 더 좁고 가팔라진다. 한용운이 죽기 전까지 살았던 집, 심우장은 성북동 달동네 북정마을에 있다. 그가 살았을 때는 숲길이었을 길들이 이제는 좁은 골목과 계단으로 변했다. 달동네의 미로를 이리저리 헤매다 콘크리트 벽에 피어난 풀꽃을 만났다. 생명의 끈질김과 여림을 이해한 듯 연우는 두 손으로 조심스레 꽃을 감쌌다. 그 생명력은 어린아이에게도 신기한 경험이었나 보다.

스님이자 독립운동가인 만해 한용운의 성북동
집, 심우장.(위)
성북동 북정마을 콘크리트 벽에 피어난 풀꽃.
생명력이란 여린 듯 강하다.(아래)

성북천 기슭에는 품격 높은 기와집들이 많다. 성북동 이종석 별장은 마포에서 젓갈 장사로 부자가 된 이종석이 1900년대에 지은 별장이라 전해진다.

건축가 엄마와 함께
서울 옛길
느리게 걷기

성북동 달동네를 헤매다 만난 심우장은 어떤 답사지보다 반가웠다. 우리는 지친 몸을 이끌고 한용운의 서재에 들어가 몸을 쉬었다. 앞마당 한 켠에 보호수 한 그루가 서 있고 빈 마당은 북악산 풍경을 담고 있었다. 1960년대 전까지만 해도 숲으로 둘러싸였던 심우장은 집들로 채워졌고 소나무는 땔감이 되어 사라졌다.

일제강점기를 조선의 감옥이라 생각한 한용운은 따뜻한 방에서 편히 자는 것을 스스로에게 허락하지 않았다. 게다가 심우장은 북쪽을 향해 있다. 조선총독부를 등지고 지었기 때문이다. 그는 냉기 가득한 그곳에서 독립을 염원하며 자신을 수양했다. 심우장은 한용운의 삶처럼 단출하지만 그 기상은 지금도 산보다 높고 푸르다.

치욕 속에서
피어난 향기

성락원 • 황족 의친왕과 이우

심우장 건너편 골짜기에는 심우장과 비교되는 조선 후기 민간 별장이 있다. 계곡과 너럭바위가 있는 자리에 7칸의 누각을 거느리고 홀로 절경을 소유한 성락원. 고종의 아들 의친왕 이강1877~1955의 별장인 성락원은 별궁 송석정과 연못, 인공폭포, 추사 김정희가 새긴 글씨 '장빙가檣氷家'가 남겨진 암벽 등 품격 있는 정원을 갖췄고 명승 제35호로 지정돼 있다. 원래 이조판서를 지낸 심상응의 별장이었는데, 이후 의친왕이 35년간 별궁으로 사용했다. 현재는 개방을 하지 않아 직접 볼 수는 없다. 대신 성락원에서 살았던 인물, 의친왕을 좀 더 자세히 들여다볼 필요가 있다. 그가 황족 중 유일하게 독립운동에 직접 나선 인물이기 때문이다.

의친왕 이강은 고종의 다섯째 아들이자 순종의 동생이다. 순종에겐 후사가 없었기에 왕위 계승 서열 1순위였지만, 고종의 신임을 받던 순헌황귀비 엄씨의 견제로 스무 살 어린 영친왕이 황태자에 오르는 비운을 겪는다. 그는 1897년에 미국으로 유학을 떠난 후 독립운동가 김규식1881~1950과 교류한다. 그리고 1910년 한일합방 후 이강 공으로 강등되어 일본의 감시를 받으며 살았는데, 이 시기부터 독립운동에 가담하기 시작한다. 의친왕은 3.1일 운동을 주도한 손병희와 각별한 사이였고 1919년 3.1 독립만세운동 선언서에도 서명했다.

의친왕은 상해 임시정부로 망명을 시도하지만 일본에 발각된 후 극심한 감시 속에서 살았다.(위)
고종의 아들 의친왕이 별궁으로 사용했던 성락원의 송석정 모습. 문화재청.(아래)

"나는 조선의 평민이 될지언정
합병한 일본의 황족이 되기를 원치 않는다.
아울러 임시정부에 참가해 독립운동에
몸 바치기를 원한다."

그의 독립운동은 상해 임시정부로의 망명으로 정점을 찍는다. 상해 임시정부는 1919년 11월 그의 망명을 진행했다. 동농 김가진이 총재로 있던 대동단의 지원을 받아 500킬로미터의 대장정 끝에 만주 단동에 도착하지만 일본에게 발각되고 만다. 일본은 의친왕을 일본으로 강제 소환하려 했으나 그의 강력한 반발로 실행되지는 않았다.

결국 한반도 내 자유 여행이 금지되었고 모든 직위을 박탈당한 채 일본의 심한 감시를 받으며 살았다. 그는 끝내 창씨개명을 거부했다. 한국전쟁 이후에는 황족으로서의 어떤 대우도 받지 않겠다는 조건으로 사동궁에 들어가 살았고 그곳에서 1955년 별세했다.

의친왕의 독립운동 궤적을 쫓다가 그의 사저였던 사동궁의 흔적을 찾아보기로 했다. 그나마 사동궁을 기념할 수 있는 건물이 하나 남아 있었는데 바로 '인사동 홍보관'이다.

1917년 〈경성부관내지적목록〉에 따르면 사동궁은 대지가 7,880㎡에 달했고 양옥 1동과 한옥 수십 동으로 이루어진 대저택이었다. 현재 관훈동 196번지 일대와 견지동 85번지 일대로 인사동 홍보관 앞 종로구 공영주차장과 주변 건물이 모두 포함된다. 한때 요정으로 사용되었고, 이후 민간이 매입하는 등 방치되다가 2005년 종로구가 사들여 공영주차장으로 조성했다.

주차장 조성 시 1950년 전후에 지어진 한옥 3채와 1970년대 증축된 양옥 2채가 있었는데 모두 철거하고 상태가 양호한 한옥 1채만 보존해 현재 '인사동 홍보관'으로 사용하고 있다. 홍보관 옆으로는 광활한 주차장이 펼쳐져 있다. 누가

의친왕이 살았던 사동궁은 양옥 1동과 한옥 수십 동으로 이루어진 대저택이었다.
'인사동 홍보관'은 사동궁터에 남은 유일한 한옥이다.

이곳이 독립운동가이자 비운의 황족인 의친왕이 살았던 곳이라는 것을 짐작이나 할까. 2011년 국정감사에서 사동궁터의 방치를 지적했지만, 아직까지 표지석 하나 없다.

의친왕에 대한 궁금증은 '그의 자녀들은 어떻게 살았을까'로 이어졌다. 그러다 의친왕의 독립 의지와 기개를 쏙 빼닮은 아들, 이우1912~1945를 만나게 되었다. 그의 일생을 들여다보니 덕혜옹주를 대면했을 때의 먹먹함보다 더 큰 돌덩이가 가슴에 내려앉는 듯했다.

의친왕의 둘째 아들 이우는 열 살 나이에 일본에 건너가 1931년 육군사관학교에 진학했다. 그는 자신이 일본 군인임을 부끄러워했으며 조선은 독립해야 한다고 말하곤 했다. 그리고 일본의 강력한 반대에도 불구하고 1935년 도쿄에서 한국인 박찬주와 결혼한다. 영친왕비 이방자 여사는 이우에 대해 '일본에 대한 모든 것을 병적으로 싫어했고 일본의 간섭에 늘 반발했다.'라고 회고했다. 그런데 '야스쿠니 100년사' 특별 문서에 이우의 이름이 등장한다. 군국주의의 상징인 야스쿠니에 조선 황족 중 유일하게 이우가 합사된 이유는 무엇일까.

이우는 1944년 중국 산시 성 타이위안에서 장교로 근무하다 1945년 갑작스럽게 히로시마로 전출 명령을 받는다. 일본의 패망을 예감한 그는 잠시 운현궁

의친왕의 아들, 이우의 모습. 아버지 의친왕의 독립 의지와 기개를 빼닮은 그는 현재 야스쿠니에 합사되어 일본의 수호신이 되었다.

으로 돌아가 전역을 신청했지만 받아들여지지 않았다. 결국 1945년 8월 이우는 히로시마에서 원자폭탄에 희생되고 만다.

조선 독립을 원했던 황손, 이우는 일본에 의해 일본의 수호신이 되고 말았다. 여전히 조선인 2만 1천 명이 야스쿠니 신사에 합사되어 있다는 것이, 아직도 조선의 황족들이 일본 황실의 일원인 것이, 위안부 문제가 해결되지 않는 현실과 맞닿아 있다.

해방 후 황실의 재산은 국유화되고 황족은 일반인으로 강등되었다. 황족들은 망국의 원흉이라는 지탄 속에 대한제국의 후손임을 부끄럽게 여기며 살았다. 그런 그들의 삶에 우리는 너무나 무관심하다.

일본에 의해 철저히 이용당하고 한국전쟁 후에는 정권의 견제를 받으며 불행한 삶을 이어갔던 그들을 주목해야 한다. 그들의 슬픈 삶이 곧 우리의 역사이기 때문이다. 황족은 일반인들처럼 독립운동을 할 수도 없었다. 대신 독립운동에 필요한 자금을 보내거나 독립 의지를 직간접적으로 표현했다. 이들에 대한 좀 더 자세한 조사와 현장답사, 그리고 증언을 수집하는 작업이 필요할 것이다.

의친왕의 다섯째 딸이자 고종의 손녀인 이해경1930~씨는 세 살 때부터 사동궁에서 살았고 아버지 의친왕이 죽자 미국으로 유학을 떠났다. 그 후 1969년부터 뉴욕 컬럼비아대 동양학도서관 한국학 사서로 일하다 정년퇴직했다. 그녀는 지금도 혜문스님과 함께 해외로 반출된 문화재를 반환하기 위해 노력하고 있다.

일본은 조선 왕조의 뿌리를 통째로 뽑았고 우리는 그 자리에 서둘러 '자본주의'를 이식했다. 열심히 일해야 가난을 벗어날 수 있다는 채찍질에 급급해 한동안 우리는 뽑혀진 뿌리를 잊었다. 아직도 왕조가 존재하는 국가에서 왕은 국민들을 하나로 이끄는 구심점 역할을 한다. 자신들이 걸어온 역사를 존중하는 의미일 것이다. 우리는 조선의 마지막을 이토록 무참하게 짓밟은 일본의 족쇄에서 왜 아직도 벗어나지 못하는 것일까. 지금도 이우의 영혼은 원통함에 눈물을 흘리며 야스쿠니에 묶여 있다.

이우는 후사가 없는 대원군 장손 이준용의 양자로 들어가 운현궁을 물려받았다. 그가 살았던 운현궁 양관의 모습.

현대사의
은밀한 흔적

길상사

길상사의 주불전인 미륵전은 일반 사찰과는 사뭇 다르다. 화려한 공포나 단청도 없고 사각형의 형태도 아니다. 대강당처럼 공간은 크고 넓으며 좌우 누마루는 튀어나왔다. 앞마당도 여느 조선 후기 사찰처럼 건물로 둘러싸여 있지 않다. 오히려 사대부가의 사랑채 마당처럼 건물을 과시하기 위해 비워 두었다.

그래서 미륵전 앞마당에 햇살이 쏟아지면 주변 나무들은 싱그럽게 빛난다. 하지만 스님들의 수양처로 들어갈수록 숲은 짙은 청록색을 띠며 싱그러움의 명도를 낮춘다. 마치 수양하는 스님을 배려해 나무들이 스스로의 색을 바꾼 듯 했다. 우거진 숲은 빛이 들어올 틈을 주지 않고 늦은 오후가 되면 수양처는 진회색으로 둘러싸인다. 길상사의 수양처는 지난 세월을 '업보'라 여기듯 깊고 조용했다.

한국전쟁 이후, 고속성장으로 대한민국은 화려하게 부활했지만 어쩌면 그

속은 진창으로 가득했는지도 모른다. 1960~1970년대는 '요정 정치'라는 고급 기생을 동원한 비밀 정치협상의 시대였다. 고급 한옥과 멋들어지게 한복을 차려입은 기생은 최상의 콤비였고 당시 정치의 중요한 결정은 모두 요정에서 이루어질 정도로 모럴해저드Moral Hazard, 도덕적 해이가 심각했다. 그 요정 정치의 3대 근

70년대 요정 정치의 요람, 대원각은 길상사로 환생했다.
길상사 극락전의 모습.

거지 중 하나가 길상사다.

    길상사의 옛 이름은 '대원각'이다. 삼청각, 오진암과 함께 70년대 한국 정치의 산증인이다. 황족의 별장 성락원, 그리고 삼청각과 대원각만 보더라도 당시 성북동의 위세가 얼마나 대단했는지 알 수 있다. 성락원은 여전히 성북

동의 고급 주택처럼 철옹성이지만 고위 관료들의 밀실이었던 두 요정은 서로 다른 모습으로 일반인에게 개방되고 있다.

    삼청각은 최고급 한식 레스토랑이 되었고 대원각은 '길상사'라는 조계종 사찰로 변했다. 대원각을 소유하고 있던 김영한은 법정 스님을 만나 대원각을 기증했고 자신도 그곳에서 수양하며 여생을 보냈다. 그 공간에서 법정 스님은 무소유를 실천하며 살았고 그의 제자들은 지금도 수양 중이다. 도덕적 해이가 산처럼 쌓인 대원각은 결국 길상사로 환생했다. 길상사 스님들의 미소가 유난히 맑은 것은 지난 업보에 대한 반증이리라.

    세월은 모든 것을 포용한다. 우리가 살아가는 시공간은 과거와 미래를 품은 현재이다. 과거의 공간은 현재에 덧입혀져 다시 태어나고 지금 살아가는 우리

길상사 스님의 해맑은 웃음.

는 다가올 미래를 만든다. 밀실 정치, 요정 정치, 부정부패의 산실이었던 요정들이 우리에게 말한다. 과거는 잊지 말되 현실을 살라고. 비록 치욕이라 하더라도 역사는 어느 것 하나 무시할 것도 버릴 것도 없다고 말이다.

부암동 무계원은 1970년대 요정 정치의 산실, 오진암을 현재 자리로 옮긴 것이다.
오진암은 전통문화 체험 공간으로 환생했다.

건축가 엄마와 함께
서울 옛길 느리게 걷기
06

도시한옥으로 꽃핀
빈티지 도시

· 북촌 01 ·

답사지

북촌 계동길 → 북촌 게스트 하우스(1박) → 중앙고등학교 → 가회동 11번지 일대
→ 가회동 31번지 일대 → 삼청동길

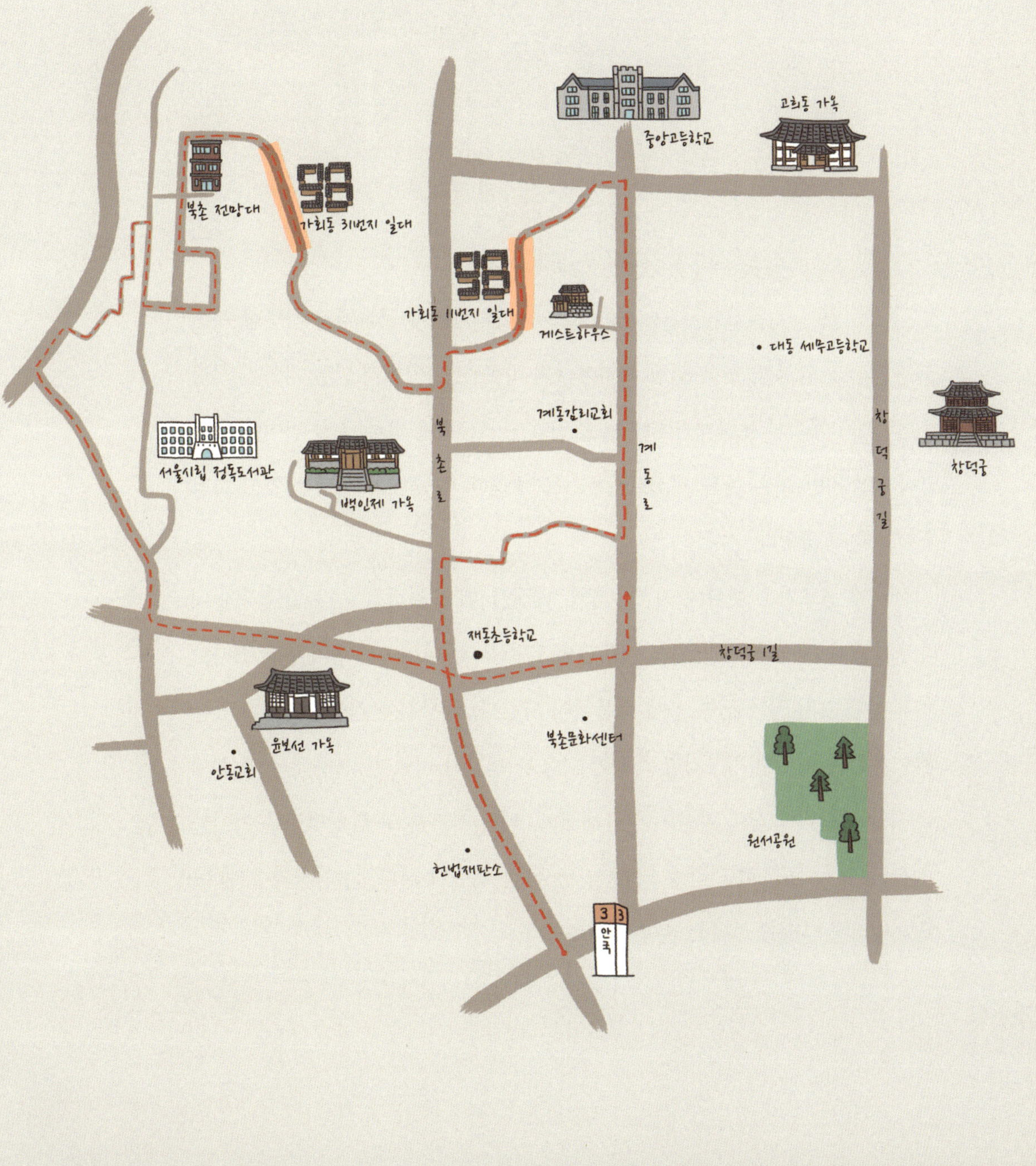

서울 사람, 북촌에서 1박 하기

북촌 계동길

　　　　　　　　서울 사람이 서울에서 하룻밤 묵는 것은 어떤 느낌일까. 한옥 밀집 지역에서의 하룻밤, 그곳에서 만날 다양한 사람들, 그리고 예기치 못하게 맞닥뜨릴 공간들. 이틀 동안 하루 종일 걸어야 하는 답사 코스지만 북촌 한옥 게스트하우스를 예약한 후 기대와 설렘을 안고 그날을 기다리고 있었다.

　한낮에는 뜨거운 햇살에 지치는 6월. 배낭을 메고 지하철을 타 안국역에 내리자 수많은 사람들이 밀물과 썰물 되어 흘러갔다. 아이들을 앞세우고 뒤따르는데 얼마 가지 않아 전통 공예 소품집이 나왔다. 계동길에 접어들지도 않았는데 아이들은 이미 아기자기한 소품에 마음을 빼앗겨 버렸다. 그곳에서 예상 외로 시간을 보냈다 싶어 마음이 다급해졌고, 꽤나 가파른 북촌 언덕길을 아이들이 잘 걸을 수 있을지도 걱정 되었다. 결국 '잘 걸어야 한다.'는 다짐과 함께 아이들이 고른 부채를 하나씩 손에 쥐어주었다.

북촌의 전통 공예 소품 집에서 부채 하나씩 사고 행복해 하는 아이들.(위)
북촌 계동길에서는 모든 만남이 반갑다.(아래)

도시한옥으로
꽃핀
빈티지 도시
●
북촌 01

우리가 묵을 숙소는 계동의 한 한옥이었다. 중앙고등학교와 가까워 계동길을 거슬러 올라갔다. 흑백사진관, 근대식 상회, 오래된 참기름집, 밥집, 목욕탕, 그리고 한옥 찻집 등 100년의 세월을 아우르며 '동네'다운 멋과 '길'다운 이야기가 구석구석 넘쳤다.

무엇보다 계동길은 사람이 걷기 딱 좋은 폭으로 맞춤했다. 그리고 길을 위압할 정도의 높은 건물도 없다. 길과 건물이 인간의 몸집에 맞게 적당한 척도로 어우러진다. 사람들은 길을 걸으며 100년의 켜를 발견하고 경험한다. 길이 곧 관람 동선이 되고 북촌은 공간 박물관이 되는 것이다.

북촌은 청계천과 종로의 북쪽 동네란 뜻에서 나온 이름으로 정확한 위치는 경복궁과 창덕궁 사이다. 북악산 자락에서 자연스레 뻗어내린 산줄기, 물줄기 따라 동네들이 남북으로 형성되었는데 계동, 가회동, 삼청동, 소격동, 안국동, 원서동 등이 여기에 속한다. 조선시대 내내 상류 주거지였던 북촌은 이제 전통

가회동 31번지 전망대에서 북촌 서쪽을 바라본 모습. 가회동, 삼청동 일대가 펼쳐지고 경복궁, 청와대, 북악산이 차례로 남북축선에 놓여 있다. 건너편 인왕산은 어머니의 품처럼 도시를 감싸고 있다.

주거 밀집지역이 되었다. 덕분에 대갓집부터 땅에 조가비처럼 다닥다닥 붙어 있는 도시한옥1930년대부터 1960년대까지 집단으로 건설된 소규모 한옥까지 역사 경관이 잘 보존되어 있다.

그날, 북촌을 한 바퀴 돌고 숙소에 돌아와 지친 몸을 풀었다. 게스트 하우스는 안마당과 뒷마당, 옥상마당을 두고 있었고 우리는 뒷마당과 연결된 안채 끝 방에 머물렀다. 안마당 야외 테이블에서 저녁을 해결하는 외국인과 눈인사를 나누고 방에서 피로를 푸는 사이 큰아이 나연이는 어느새 또래 친구를 사귀었다. 덕분에 잠들 때까지 뒷마당은 시끌벅적했다. 막내 연우는 사랑채 마루에서 체험 한복을 입고 오후에 산 부채를 들고 공주 놀이에 열중했다. 게스트하우스 주방에 가 따스한 커피 한 모금에 다음날 답사 일정을 체크하며 간간이 방문을 열고 마당을 내다보곤 했다. 원래 고택은 넓은 땅에 사랑채와 안채가 멀찌감치 떨어져 있지만 도시한옥은 그렇지 않다. 인구 밀

집으로 대량생산된 최소 규모의 한옥답게 몸집을 줄이고 서로 오밀조밀 붙으며 공간을 형성한다. 그래서 사람들과 더 자주 부딪힌다. 국적이 다르고 사는 지역이 다른 이들이 이 작은 한옥에 몸을 뉘어 쉼을 청하고 있었다.

계동길은 건물의 높이와 길의 폭이 인간 친화적이다. 건물이 위압적으로 높지도 않고 도로가 사람을 소외시키지도 않는다. 걷기에 딱 좋은 길은 관람 동선이 되고 사람들은 길을 걸으며 100년의 켜를 발견하고 경험한다.

북촌 게스트 하우스에서
세 여자의 따로 또 같이

도시한옥으로
꽃핀
빈티지 도시
•
북촌 01

도시한옥의
진면목을 만나다

가회동 11, 31번지 이야기

북촌은 북악산 응봉 자락에 놓여 북에서 남으로 산줄기가 사그라든다. 그래서 동서길은 여러 골짜기로 이뤄져 경사가 가파르다. 골짜기에 집을 지을 수 없으니 집들은 언덕으로 올라갔고 자연스레 골짜기는 도로가 되었다. 덕분에 북촌 답사는 생각보다 녹록지 않다. 특히 여름철에 어린 자녀를 데리고 갈 경우에는 더 그렇다. 고개 넘어 길을 만나고 또 고개 넘어 길을 만난다. 오르막길과 내리막길이 연속되는 것이다.

그래도 조선시대에는 배수가 잘 되었고 햇볕이 잘 들어 최고의 주거지였다. 18~19세기에는 조선의 정치를 주물렀던 노론 세력의 대저택이 도처에 있었다. 하지만 개화기가 되자 도시로 사람들이 몰려들었고 서울의 경계도 확장된다. 결국 전문 건설업자들이 큰 필지를 사들여 집을 짓고 분양하면서 'ㄷ'자 한옥이 대거 생기기 시작한다.

이처럼 1930년대부터 1960년대까지 소규모 한옥이 집단적으로 형성되는데 이 시기의 주거형태를 '도시한옥'이라 부른다. 부족한 땅에 최적화된 소규모 한옥을 지칭하는 것이다. 북촌은 대규모 필지의 분할, 그 필지가 만들어낸 도시한옥, 그것들이 모여 만든 풍경이 가장 잘 남아 있다.

도시한옥의 집합을 가장 잘 볼 수 있는 곳이 가회동 11번지와 31번지 일대로 북촌 경관의 핵심이다. 계동 중앙고등학교를 둘러보고 꽤나 가파른 언덕길을 오르면 가회동 11번지 일대가 내리막 따라 펼쳐진다. 골목 정면으로 남산이 보이고 골목 양옆은 질서정연하게 문간채가 채우고 있다.

큰 아이는 벌써 지친 듯 어깨가 축 처졌고 막내는 부채로 한껏 멋을 내며 카메라를 보고 포즈를 취한다. 서로 다른 성격이 사진에도 고스란히 묻어난다.

가회동 가는 언덕길에서 내려다 본 계동길 주변. 양쪽 언덕으로 집들이 들어 차 있다.

북촌에는 전통공예 체험 공간이 심심찮게 있는데 특히 계동길과 가회동 11번지 주변에 많다. 11번지 언덕길 주변에는 무형문화재 80호 한상수의 자수박물관을 비롯해 민화공방, 매듭공방 등이 있다. 모두 한옥 공간에서 체험이 이뤄지는데 그 콘텐츠가 매력적이다. 그렇게 가회동 11번지 일대를 벗어나면 북촌로로 사람들이 쏟아져 나온다. 언덕을 건너온 아이들에게 잠깐의 휴식이 필요했다. 그래야 도시한옥 집합체의 진면목, 가회동 31번지 일대를 둘러볼 수 있을 테니까.

계동과 가회동 11번지 일대가 게스트 하우스와 상업시설, 체험공간이 다양하게 섞여 있다면 가회동 31번지 일대는 일상의 무게가 묵직하게 땅을 누르고 있다. 그곳 도시한옥들은 1930년대 분양한 것으로 100여 년 동안 자리를 지켜왔다. 그래서 상업시설은 거의 없고 '동네'라는 아날로그적 정서가 고스란히 남아 있다. 여러 골목에 지쳐갈 때쯤 가회동 31번지 일대를 내려다볼 수 있는 전망대에 닿았다. 전망대에 오르면 집합체로서의 도시한옥이 한눈에 들어온다.

제일 먼저 기와지붕이 잔물결을 이루며 출렁인다. 그리고 남산과 도심 빌딩 숲이 정면으로 보인다. 하얀 화강석, 푸르고 맑은 유리, 화려한 페인트 등 색으로 넘쳐나는 도시에 기와지붕은 흙색이 되어 도시의 톤을 낮춘다. 낯설면서도 따스한 풍경이다. 마당에서 빼꼼 얼굴을 내미는 나무 한 그루, 건물에 덧대 만든 옥상에 옹기종기 모여 있는 장독대 등 설핏 어느 집의 삶이 보이기도 한다. 전망대에서 아이들은 시원한 주스로 갈증을 풀고, 어느 이방인들은 쉴 새 없이 셔터를 누르며 풍경에 대한 갈증을 풀고 있었다.

가회동 11번지 일대의 내리막길 풍경. 고운 한복 덕에 골목에 생기가 돈다.

도시한옥으로
꽃핀
빈티지 도시

●

북촌 01

가회동 31번지 일대의 도시한옥 모습. 이 지역 한옥들은 1930년대에 지어진 것들이다. 북촌을 대표하는 경관 중 하나. 앞집 안채의 벽면이 내 집 안마당을 만든다.

도시한옥은 대량생산을 위한 표준형 평면을 갖는다. 'ㄱ'자 안채와 'ㅡ'자형 문간채가 결합해 'ㄷ'자형을 이루는 것이다. 'ㄱ'자 안채는 안쪽에 놓이고 골목에는 'ㅡ'자형 문간채가 놓인다. 앞집, 뒷집이 똑같이 'ㄷ'자로 붙는다. 그리고 앞집의 벽이 내 집의 'ㄷ'자와 합쳐져 'ㅁ'자 안마당을 만든다. 'ㄱ'자 안채는 내 집 안마당은 물론 뒷집 안마당을 만드는 데 중요한 역할을 한다.

'ㅡ'자형 문간채는 한 면이 골목에 오롯이 드러난다. 집합을 이루면서도 어느 정도 공공성을 갖는 것이다. 이들 도시한옥은 대청과 마루에 창문을 달고 지붕에 함석을 덧대어 비가 들이치는 것에 대비했다. 기능을 보완했지만 기와지붕, 안마당, 대청 등 전통 한옥이 갖는 기능과 형태는 그대로 유지한다. 전통적인 한옥의 특징을 지금까지 유지하며 집합을 형성한다는 점에서 북촌의 도시한옥은 역사적으로도 의미가 크다.

현재 대한민국 도시주택이 다세대, 다가구, 아파트, 단독주택만으로 이루어진 것은 아니다. 'ㄷ'자 도시한옥도 그중 하나로 살아남았다. 이를 복원하고 유지하는 데는 서울시와 북촌 시민의 힘이 컸다. 북촌 도시한옥은 서울시가 공공자금을 투자해 보전한 곳이다. 1960년대만 해도 북촌은 가회동 31번지의 풍경처럼 도시한옥으로 빼곡히 차 있었다. 그러다 1970년대 강남 개발로 경기고, 휘문고, 창덕여고가 이전하고 그 자리에 대기업과 기관이 들어서면서 개발이 가속화되었다. 1991년 '한옥보존지구'가 해제되면서 북촌은 급속도로 다세대, 다가구, 빌라, 근린생활시설로 채워지면서 1,500동이던 한옥은 900여 동으로 줄어들었다.

전망대에서 아이들은 시원한 주스로 갈증을 풀고, 이방인은 쉴 새 없이 셔터를 누르며 풍경의 갈증을 풀고 있다.(위) 가회동 31번지 한 골목의 모습. 시멘트 벽면의 멋진 그림과 작지만 소담스러운 화단에서 골목을 향한 주민들의 애정을 엿본다.(아래)

가회동에서 삼청동으로 내려가는 길. 북촌은 가파른 길들이 많다. 멀리 경복궁 일대와 인왕산이 보인다.

건축가 엄마와 함께
서울 옛길
느리게 걷기

위기를 느낀 북촌 주민들이 서울시에 공식적으로 보존 대책을 요청했고, 서울시는 2000년 '북촌 가꾸기 사업'의 시행을 발표한다. 먼저 북촌을 '역사문화미관지구'로 지정하고 공공자금을 투입해 한옥 보수, 수리에 들어갔다. 소유주가 자신의 한옥을 등록하면 심사 후 개보수 비용을 시에서 지원한 것이다. 그 대신 지붕, 안마당, 길에 면한 한옥의 외관을 공공영역으로 인식하도록 했다. 서울시는 일부 한옥을 매입해 시민들에게 교육기관과 문화센터로 개방했다. 북촌문화센터가 그중 한 곳이다.

결국 도시한옥은 새롭게 맞춤되었고 골목과 길들은 옛 경관을 회복했다. 덕분에 수많은 관광객들이 멀리 남산, 인왕산, 경복궁까지 펼쳐지는 경관을 감상할 수 있게 되었다. 만약 이곳에 재개발이 추진되어 아파트, 다세대, 다가구, 빌라가 들어섰다면 어떻게 되었을까.

북촌 한옥 보전 정책을 훑어보면 시민의식이 성숙해지고 역사 경관에 대한 시각도 긍정적으로 변해간다는 것을 알 수 있다. 학술적, 역사적 가치를 인정한다 하더라도 당장 그 공간을 소유한 개인의 재산권을 침해할 수 없기에, 북촌의 성과는 좋은 사례로 남았다. 수많은 관광객들이 드나들어도 주민들이 불편을 감수하는 것은 도시한옥 일부를 공공영역으로 인식하는 데 동의했기 때문이다.

북촌에서 심심찮게 볼 수 있는 모습, 바로 한복을 입고 곳곳을 누비는 관광객들이다. 한복을 멋지게 차려입은 이들은 눈이 마주치면 수줍게 미소를 보내곤 한다. 곱디고운 치맛자락이 바람 따라 하늘거리면 주변 공기마저 화

한복을 입고 북촌 여기저기를 걸으며 한국 전통문화를 체험하는 외국인 관광객들(위).
한복은 북촌 관광의 필수품이 됐다. 북촌 게스트 하우스에는 한복이 잘 구비되어 있다(아래)

건축가 엄마와 함께
서울 옛길
느리게 걷기

사해진다. 때때로 한복 차림의 여고생들이 무리를 지어 지나간다. 한복은 색이 곱고 선이 우아해 보는 사람까지 낭만으로 물들인다. 한국 사람이 봐도 이리 어여쁜데 외국인들 눈에는 오죽할까. 아이들에게 한복을 입히고 북촌 거리를 걷게 해주고 싶다는 생각이 들었다.

북촌 계동길에서 만나는 사람들은 표정이 밝고 걸음도 가볍다. 반려견과 그 주인까지 모두 반가운 인사를 건넨다. 눈 마주침과 눈웃음이 어색하지 않은 공간, 그곳에서 한복을 입은 아가씨들의 미소에 1930년대로 돌아간 듯 착각이 든다. 걷기만 해도 미소가 번지는 빈티지 도시, 북촌이다.

건축가 엄마와 함께
서울 옛길 느리게 걷기
07

길을 가로질러
골목길 옆 미술관

· 북촌 02 ·

답사지

아라리오뮤지엄 → 북촌문화센터 → 북촌로 1길 → 윤보선길 → 안동교회와 소허당
→ 서울교육박물관 → 이화익 갤러리 → 감고당길(율곡로3길) → 종친부, 경근당, 옥첩당
→ 국립현대미술관 서울관 → 율곡로 1길 → 북촌로 5길

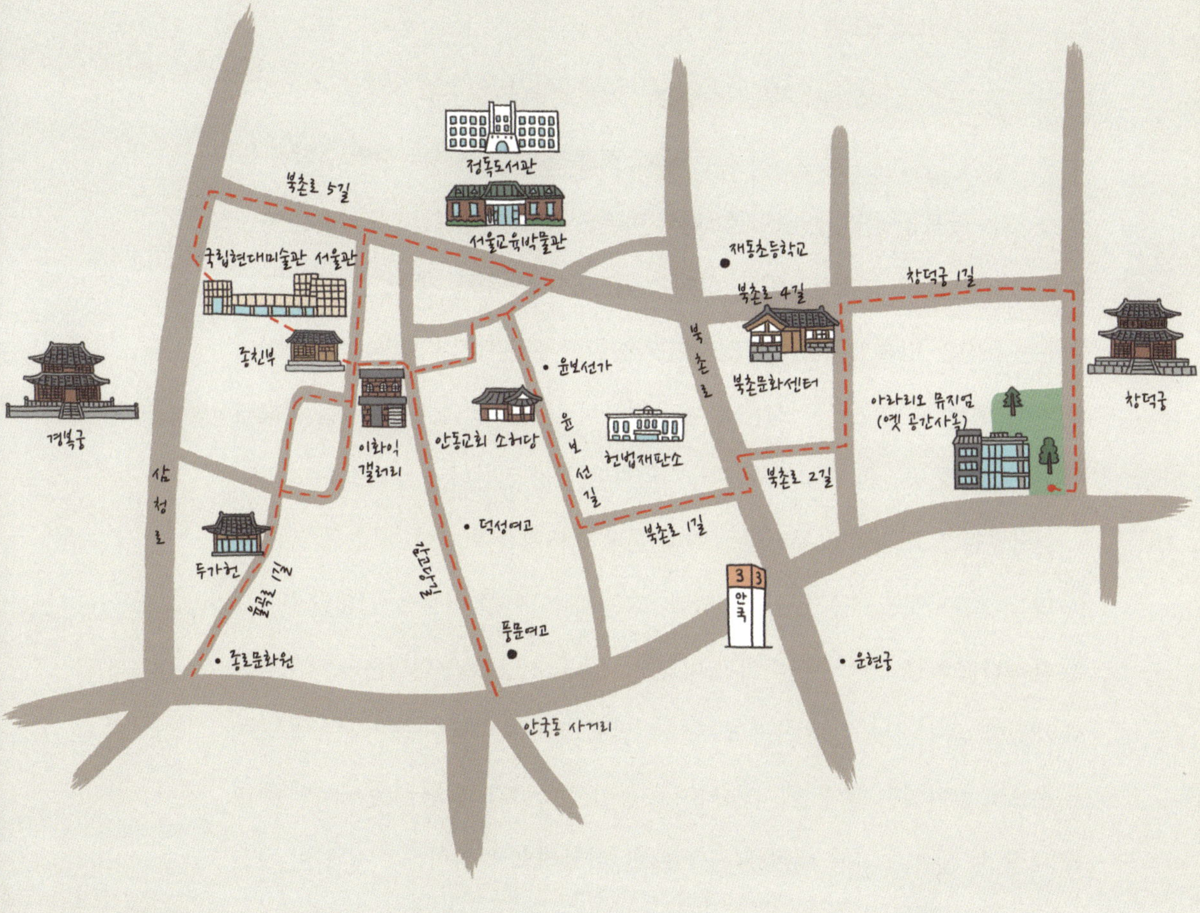

갤러리의 향연

또 하나의 북촌 이야기

북촌은 걷는 재미와 길의 미학을 느낄 수 있는 골목들이 많다. 창덕궁 1길과 북촌로 5길로 이어지는 동서길은 북촌을 가로지른다. 그 길에서 남쪽으로 이어지는 동네 안국동, 계동, 소격동, 사간동에는 유명한 미술관부터 무료입장이 가능한 전시관까지 다양한 스펙트럼의 갤러리들이 모여 있다. 목적지를 정해도 정하지 않아도 좋을, 그 길들을 걸으면 사람, 예술, 옛 공간이 뒤섞인 북촌의 다양한 얼굴을 만난다.

원서공원 앞 아라리오 뮤지엄은 원래 한국 현대건축의 거장, 김수근1931~1986이 만든 설계사무소, '공간' 사옥이었다. 그는 1971년 이 건물을 설계할 때, 북촌 한옥과 조화를 고려해 기와색과 비슷한 전돌을 사용했고 외벽은 담쟁이덩굴로 채웠다. 공간 사옥은 봄이면 초록으로 덮혔고 가을이면 단풍이라는 맵시 좋은 옷으로 갈아입곤 했다. 잎이 사라져도 동면에 들어갈 뿐 덩굴은 사옥에 뿌리를 내린 채 해마다 다시 태어났다. 2014년 '아라리오 뮤지엄'으로 주인이 바뀌

작은 한옥 옆 벽돌 건물은 한국 현대건축의 산실, (구)공간 사옥이다. 등록문화재이며 현재는 아라리오 뮤지엄으로 사용되고 있다. 그 옆 유리 건물은 (구)공간 신사옥으로 현재는 카페와 레스토랑으로 운영되고 있다.

길을 가로질러
골목길 옆
미술관
•
북촌 02

었어도 김수근이 남긴 철학은 지금도 건물에 오롯이 살아 있다. 덕분에 건축 역사적 의의를 인정받아 2014년 등록문화재 제586호로 지정되었다.

현대건축의 산실, 공간에서 수많은 건축쟁이들은 밤노동을 참아가며 열정을 피웠다. 중세 성처럼 좁은 계단, 낮은 층고, 미로 같은 곳에서 그들은 청춘의 패기와 방황 등을 겪으며 먼지 쌓이는 꿈을 키웠다. 지금은 그 모든 것들이 건축가들에게 아련한 추억으로 남아 있다. 건축학도에게 도전이었고 젊은 건축가들에게 날개를 달아주었던 '공간'도 이제는 북촌의 한 줄기가 되었다.

공간 사옥은 벽돌로 꽁꽁 숨기며 보고 싶은 세상 풍경에만 자신을 열어놓는다. 그 공간이 자신을 옭아맸던 걸까. 이후 새로 지어진 신사옥은 사방을 유리로 두르고 민낯을 거침없이 드러낸다. 그리고 세상을 그대로 끌어안는다. 반대로 세상도 이 유리 박스를 궁금해 한다. 자신을 오롯이 드러낸 유리 건물은 도심의 꽃이 되고 상상이 된다.

아라리오 뮤지엄의 전시를 둘러본 후 지금은 레스토랑으로 바뀐 (구)공간 신사옥에서 차 한 잔 마시며 몸을 녹였다. 그곳에서 율곡로의 속도감, 아라리오 뮤지엄의 덩굴진 얼굴, 멀리 창덕궁의 풍성한 숲이 모두 보였다. 역사 공간, 그리고 자본이 이식되어 솟아난 빌딩 숲이 한데 어우러져 '도시의 진면목'이 펼쳐지는 것이다. 그 모든 풍경을 보고 있자니 그 어떤 바닷가와 숲이 부럽지 않았다.

이처럼 옛 공간 사옥 두 건물은 건축과 도시의 관계를 극명하게 비교 체험

(구)공간 사옥(아라리오뮤지엄)의 계단은 중세 성의 좁은 계단을 닮았다. 오롯이 혼자서만 오를 수 있는 고독한 공간.(위)
(구)공간 사옥(아라리오뮤지엄)에서 바라본 (구)공간 신사옥.(아래)

시킨다. 건축이 도시에 어떻게 활력을 주는지 각자의 역할을 충실히 이행하는 것이다. 그러면서 극과 극의 두 건물은 다른 얼굴로 조화를 이룬다. 도시의 활기는 이런 공존에 있다.

아리리오뮤지엄을 지나 계동길에 접어들면 일명 '계동마님집'을 만나게 된다. 이름에서 짐작이 되겠지만 규모가 큰 한옥집이다. 서울시가 2002년 매입 후, 북촌홍보관과 지역 사랑방으로 이용되고 있다. 계동마님은 조선 후기 탁지부의 재무관을 지낸 민형기의 며느리, 이규숙을 말한다. 그녀는 '이 계동마님이 먹은 여든 살'이라는 자서전을 남겼다. 집은 창덕궁 후원의 연경당을 본 따 궁궐 목수가 1921년 완공했고, 이 집에서 그해 추석을 보냈다고 한다.

집은 안채와 사랑채가 'ㄷ'자로 한 몸을 이루지만 담과 문으로 내외_{남자와 여자의 영역}를 구분했다. 대신 툇마루가 안채와 사랑채를 연결하면서 불편함을 덜었다. 안방은 6칸으로 대청마루보다 2칸이나 넓다. 모두 시어머니의 의중이 반영된 것이다. 조선 후기로 오면서 살림과 육아를 담당하는 안채가 집안의 중심이 되면서 규모도 커진다.

한옥은 채가 많을수록 마당도 많아진다. 이 집도 남들보다 마당과 하늘을 더 소유했지만, 그래도 북촌 사람들과 함께 어깨를 맞대며 같은 골목, 같은 하늘을 공유하며 살았다. 그리고 일제강점기 시절, 건실하고 짜임새 있는 전통 한옥으로 지어지고 오랜 세월 자리를 지키면서 '계동마님집'이란 이름을 남겼다. 어쩌면 그 이름이 이 집을 살아남게 한 원동력일지도 모른다.

안채와 사랑채를 연결하는 툇마루.
그 옆으로 남녀 공간을 구분한 담과 문이 보인다.

길을 가로질러
골목길 옆
미술관
•
북촌 02

좁은 골목에서는 의도치 않게 타인과의 거리가 가까워진다. 지나가는 사람이 잘 보이고 그들이 내뱉는 말도 잘 들린다. 북촌문화센터 아래 북촌로 2길은 두 사람이 걷기 딱 좋을 정도로 좁다. 큰길에 붙어 있어도 눈에 잘 띄지 않는다. 하지만 먹자골목답게 끼니때가 되면 딴 세상이 된다. 오고가는 사람들의 경쾌한 웃음소리가 좁은 골목을 가득 채운다.

일부러 다시 북촌로 1길을 가로질러 윤보선길에 도착했다. 길 이름처럼

윤보선1897~1990 대통령이 살았던 집이 있지만 일반에게 개방하지는 않는다. 그렇다고 실망할 필요는 없다. 안동교회와 교회의 별채 한옥, 소허당이 있기 때문이다. 안동교회는 북촌에 거주하는 기독교인들이 외국인 선교사의 개입 없이 1909년에 세운 장로교회로 자부심이 서린 곳이다. 그리고 교회의 별채 '소허당'은 길 가다 맘 내키면 불쑥 들어갈 수 있다.

몇 해 전 봄에 소허당에서 '펜 담채화' 전시회를 본 적이 있다. 펜으로 섬세하게 그린 후 수채화물감을 덧입힌 유럽 도시 풍경이 산뜻하고 아름다웠다. 마치 따스한 꽃잎차를 한 잔 마신 기분이랄까. 소허당의 기획전시는 늘 아기자기하다. 전시가 없을 때는 매주 토요일 소허당을 열어 놓고 차를 무료로 대접해 주신다. 이런 소통은 북촌이라는 '땅의 역사'와 100년 세월에 대한 교회의 '책임감' 그리고 시간 내어 찾는 사람들의 '애정'이 각자의 재량으로 함께 버무려진 결과이다. 작은 한옥, 소허당은 걷는 즐거움을 야무지게 느끼게 해주고 안동교회는 신앙의 본질인 '소통'을 몸소 실천하고 있다.

윤보선길의 풍경. 오른쪽 기와집이 윤보선 가옥 일원이고 왼쪽 기와집이 소허당이다. 그 뒤로 안동교회가 보인다.

우연한 만남은 찰나의 순간에 일어난다. 수많은 갤러리 중 내 맘을 열어 발길을 닿게 한 곳. 문이 살짝 열린 틈에 스치듯 눈에 밟히는 그림들에 이끌려 한 갤러리에 들어갔다. 북촌의 온갖 '문'을 그린 그림 속엔 작가의 따스하고 때로는 안타까운 시선이 고스란히 녹아 있었다.

아련함이 느껴지는 한 작품을 감상하던 중, 작가와 눈이 마주쳤다. 그가 다가와 손수 작품 설명을 해준다. 내게는 설명과 반대로 읽혔던 그림. 같은 곳을 봐도 우리는 각자 다른 생각을 한다.

그림들이 책으로 발간되었다는 말에 냉큼 책을 사서 사인을 받아 아이들에게 선물했다. 그러자 옆에 계신 큐레이터 분이 살짝 귀띔을 해주신다. 작가님이 서울교육박물관 관장이시라고.

작가님과 작별 인사를 나누고 바로 위 정독 서울교육박물관으로 향했다. 이제는 추억도 박물관에서 만나는 시절이다. 내 학창시절, 내 선배들의 학창시절이 겹겹이 쌓인 곳. 교실 한가운데 난로에 양은 도시락을 올려놓고 몸에 맞지 않는 책상과 의자에 몸을 웅크리고 앉아 수업 받던 교실. 그곳에서 연우는 선생님이 되고 나는 지각한 학생이 되어 의자를 들고 벌을 섰고, 나연이는 반항하는 학생이 되었다.

큰 아이는 불과 반세기 전 풍경에 연신 신기해 했고, 작은 아이는 그저 신나는 놀이터에 즐거워했다. 함께 이야기꽃을 피울 수 있다면 이런 박물관도 괜찮다 싶다. 너무 빨리 변해버리는 세월에 마음 한 켠으로 뭔지 모를 아쉬움이 밀려왔지만 말이다.

서울교육박물관 입구 갤러리에서 열렸던 '문을 열어' 전시회에서 작가 황동진 씨와 함께, 책에 사인도 받고 그가 그린 각종 북촌의 '문'도 직접 볼 수 있었다.(위)
서울교육박물관에서 아이들은 무척 즐거워했다. 공간을 재현한 박물관은 아이들에게 인기 만점이다. 상상과 놀이를 모두 할 수 있기 때문이다.(아래)

길을 가로질러
골목길 옆
미술관

북촌 02

감고당길 초입 부분. 오른쪽 풍문여고는 옛 안동별궁터로 안국동이란 이름도 여기서 유래되었고, 돌담도 그때의 흔적이다. 그 옆 덕성여고는 숙종이 인현왕후를 위해 지어준 집, 감고당이 있던 자리로 이제는 감고당길이란 이름으로 기억되고 있다.

북촌에는 의외로 조용한 길들이 많다. 마치 번잡한 북촌길의 강약을 조절하듯 침묵의 길이 불쑥 나타난다. 그래서 일부러 좁은 길을 찾아 이곳저곳 누비기도 한다. 안국동 덕성여고 옆 율곡로 3길도 사람들이 잘 모르는 길이다. 하지만 침묵도 잠시, 여고생들의 발랄한 웃음소리가 골목길로 새어나온다. 그 소리는 내 여고시절의 단편을 재생시킨다. 옅은 미소가 추억과 아쉬움의 이중주가 되어 새어나온다.

덕성여고는 숙종이 인현왕후를 위해 지어준 집, 감고당이 있던 자리다. 인현왕후는 폐위된 후 감고당에서 인고의 세월을 견뎠고, 명성황후는 여주에서 8살에 올라와 왕비가 될 때까지 이곳에서 살았다. 인현왕후의 아버지 민유중은 명성황후의 6대조. 현재 감고당은 여주에 있는 명성황후 생가로 옮겨졌지만 '감고당길'이라는 이름을 남겼다.

덕성여고 아래, 풍문여고에도 원래 안동별궁이 있었다. 안동별궁은 왕실의 거처이자 순종의 혼례가 이뤄졌던 장소로, 안국동이란 이름도 여기서 유래되었다. 풍문여고에는 옛 돌담이 그대로 남아 있다. 돌담 안 나무들도 범상치 않다. 은행나무와 단풍나무가 늘어선 감고당길은 덕수궁길이 부럽지 않다. 게다가 벼룩시장의 무대가 되면서 이곳을 찾는 시민들에게 '낭만'이라는 추억의 상자를 열어준다.

북악산을 바라보며 감고당길 따라 돌담을 걷다 보면 어김없이 상업시설이 시작되는데 갤러리는 좋은 경계선이 된다. 북촌길의 균형을 잡아주는 느낌이랄까. 잠시 감고당길의 이화익 갤러리에 들어갔다. 그림은 거짓말을 안 한다. 숨

국립현대미술관 서울관은 서쪽 인왕산과 동쪽 종친부 건물을 하나의 프레임에 담아 작품으로 탄생시킨다. 그리고 기꺼이 도심과 북촌을 잇는 길이 되었다.

길을 가로질러
골목길 옆
미술관
•
북촌 02

북악산을 배경 삼아 국립현대미술관 서울관, 종친부 경근당과 옥첩당 그리고 북촌 골목이 서로 존중하며 함께 어우러진다.

길 수 없는 작가의 마음이 새어나온다. 미술 작품은 한 인간의 내면과 맞닿는 경험이자 나의 내면을 성찰하는 기회다.

갤러리 옆 율곡로 1길 끝으로 국립현대미술관 서울관이 보인다. 광활한 미술관에서 먼저 종친부의 건물, 경근당과 옥첩당을 만났다. 종친부는 조선 왕의 어보와 영정을 보관하고 왕가의 여러 사무를 맡아보던 곳이다. 정독도서관으로 옮겨졌다가 2013년 국립현대미술관 서울관 개관과 함께 원래 자리로 돌아왔다.

국립현대미술관 서울관은 21세기 서울을 대표하는 건물 중 하나이다. 이 거대한 건물은 주변을 압도하는 DDP와는 달리 친절하게 자신을 도시에 맞췄다. 먼저 원래 땅의 주인, 종친부 건물의 연륜을 무시하지 않고 한 발짝 물러나 있다. 그리고 북악산을 존중해 자신을 낮췄다. 외관은 부드러운 색감으로 마감해 튀지 않고 지붕들은 비옥토와 잔디로 채워져 북악의 신록과 연결된다. 마지막으로 인왕산과 종친부 건물을 하나의 프레임에 담아 액자 속 작품으로 만든다. 서울의 자연과 문화유산을 미술품으로 끌어들인 것이다.

국립현대미술관은 사연 많은 건물도 끌어안았다. 미술관의 벽돌 건물은 등록문화재 제375호로 서울 국군기무사령부 본관이었다. 원래 1933년 경성

길을 가로질러
골목길 옆
미술관

●

북촌 02

율곡로 1길에는 영친왕의 생모인 순헌황귀비가 살았다는 한옥, 두가헌이 있다. 지금은 레스토랑과 갤러리로 변했다.

대한제국의 상징. 오얏꽃 무늬의 철제 계단.
두가헌의 서양식 건물.
두가헌 한옥. 귀마루에 궁궐 건물에만 보이는 잡상이 보인다. (왼쪽 위부터 시계 방향)

의학전문학교 부속의원 외래진료소로 세워졌고 광복 후 서울대학교 의과대학 부속병원으로도 사용되었다. 근현대사를 두루 거친 건물은 미술관이 되어 우리 곁에 바짝 다가와 있다.

미술관은 경복궁과 북촌을 잇는 길의 역할도 기꺼이 해낸다. 미술관의 내부는 작품을 보기 위해 걷고 걷는 길이다. 그 길들은 북촌 골목으로 열려 있다. 담장이 없는 미술관은 북촌 어느 길에서든 진입이 가능하다. 이처럼 국립현대미술관 서울관은 공공건축물이 지녀야할 미덕, 겸손과 배려가 담겨 있다.

건축가는 그 미덕을 '소통'이라고 표현했다. 그래서일까. 도시와 건축의 관계, 공공 미술관의 역할을 고심했을 건축가의 마음이 느껴졌다. 건축가는 미술관을 통해 건축이 도시에 대응하는 자세를 제대로 보여주었고 공공건축물의 좋은 본보기를 남겼다.

영화 속 그 집,
근대 한옥의 꽃

백인제 가옥 • 고희동 가옥

영화 '암살'에서 주인공의 쌍둥이 언니는 친일파 아버지 덕에 최상류층의 삶을 산다. 그녀가 모자와 장갑, 코트를 벗으며 걸어가는 한옥의 마루와 방들이 범상치 않아 보여, 영화를 보는 내내 그 집의 정체가 궁금했다.

조선시대 최상류층 주거지답게 북촌 곳곳에는 고급 한옥이 남아 있다. 한동안 상류층 한옥을 볼 기회가 없었는데 최근 한국건축박물관으로 개방한 집을 찾았다. 바로 영화 속 그 집, 백인제 가옥이다. 원래 이 집은 1913년 한성은행 전무였던 한상룡1880~1947이 지었다. 한상룡은 이완용의 외조카로 1935년 총독부가 발행한 〈조선공로자명감〉의 조선인 공로자 353명에 포함된 인물이다.

외삼촌의 엄청난 권력을 등에 업은 그는 자신의 모든 부와 역량을 이 집에 쏟아 부었다. 이 집의 이름으로는 '한상룡 가옥'이 더 적당할 것이다. 지은 사람도 더 오래 산 사람도 그이기 때문이다. 어떤 이름을 붙이느냐에 따라 집의 사

정과 내력이 달라진다.

  이 집은 한상룡을 거쳐 한성은행, 최선익 등이 소유하다 1944년 백병원 설립자인 백인제가 사들였다. 2009년 소유권이 서울시로 이전된 후, 2015년 일반인에게 개방됐다. 2,640㎡ 대지 위에 사랑채, 안채, 별당, 대문간채, 중문간채, 별채 등이 서 있다. 신축 당시 주변 건물 12채를 사 들였던 만큼 건물들의 규모가 크고 화려하다.

위풍당당한 대문을 지나면 사랑채로 들어가는 벽돌문과 안채로 들어가는 중문이 나뉘어져 있다.

백인제 가옥 사랑채는 항해하는 배처럼 독립적이고 화려하다. 한상룡은 집이 완공된 후 총독 데라우치 마사다케를 비롯해 일본 관료들을 초대해 사랑채 앞에서 기념사진을 찍었다.

건축가 엄마와 함께
서울 옛길
느리게 걷기

길을 가로질러
골목길 옆
미술관

●

북촌 02

위세당당한 솟을대문을 들어서면 안채와 사랑채로 가는 문이 나눠져 있다. 사랑채 영역은 벽돌로 담과 문을 만들었고 안채로 가는 중문은 왼편으로 비켜나 있다. 사랑 마당을 들어가도 사랑채는 정면을 보여주지 않는다. 마치 배가 향해하듯 동쪽으로 튀어나와 그 위용을 자랑한다.

한옥의 재료는 '나무'로 한정되고 구성 방법이 비슷하기 때문에 화려함을 드러내기가 쉽지 않다. 그럼에도 백인제 가옥은 한눈에도 화려하다. 먼저 사용한 재료가 남다르다. 1907년 경성박람회 때 처음 소개된 압록강 흑송을 사용했다. 태백산맥 자락에서 자라는 금강송은 우리나라 궁궐 등 주요 건물에 사용되는 최고급 재료로 붉은 색을 띤다. 고급 한옥 재료로도 인기가 많았는데 백인제 가옥은 금강송보다 귀하다는 흑송을 사용했다. 백인제 가옥이 화려하면서도 품위를 잃지 않는 것은 묵직하게 분위기를 눌러주는 흑송 때문이다.

20세기가 되면서 상류층 한옥에 주목할 만한 특징이 나타난다. 안채와 사랑채를 잇는 연결 부분이 나타나기 시작한 것이다. 일반 서민층 가옥은 기능이 중요시 되면서 'ㄱ'자 안채에 사랑채가 통합되지만 상류층 가옥은 여전히 안채와 사랑채를 구분했다. 대신 두 건물을 잇는 다리를 두거나 복도로 은밀하게 연결했다.

백인제 가옥도 안채와 사랑채를 연결했는데 어디서도 이동하는 모습을 볼 수가 없다. 연결 복도를 안마당 쪽에 두어 남자들의 움직임을 볼 수 없도록 벽돌로 벽을 세웠기 때문이다. 대신 창을 높이 달아 환기와 채광이 가능하게 안마당에서 바라본 안채와 사랑채가 연결되는 부분. 오른쪽 벽돌 벽은 사랑채와 연결되는 복도로 시야를 가리고 있다. 안채와 사랑채가 만나는 부분에는 한옥에서는 보기 드물게 2층 구조로 된 공간이 있다.

했다. 여기서 더 나아가 안채와 사랑채 전 영역이 복도로 연결된다. 그리고 대청마루, 툇마루에 창문을 달아 복도처럼 만들었다. 복도로 모든 공간이 연결되는 것은 일본식 가옥의 특징이다. 근대 한옥에서 자주 보이는 벽돌도 적극적으로 사용했다. 벽돌은 흙을 구워서 만든 재료라, 주재료가 나무인 한옥과도 상당히 잘 어울린다.

대지 가장 안쪽에 놓인 별당은 2칸의 온돌방과 누마루로 이뤄져 단출하지만 겹처마를 올리고 곱게 다듬은 화강석을 사용해 근대 한옥의 진수를 보여준다. 흙담은 낮게 쌓아 언덕길의 신록과 안채 뒤뜰의 나무들을 감상할 수 있도록 배려했고, 바로 앞에는 호위무사처럼 나무 두 그루를 심었다. 별당은 신록으로 둘러싸여 북촌 도심에서 가장 비밀스런 공간이 되었다.

한옥의 우아한 이미지는 추녀에서 들려지는 처마의 선에서 나온다. 여기에 정교하게 다듬어진 화강석 기단과 기초가 세워지면 세련미를 더한다. 고급 소나무를 재료로 쓰고 궁궐 목수 같은 장인의 솜씨까지 더해지면 한옥의 미는 절정을 이룬다. 소박한 우아함이 옛 한옥의 아름다움이라면 근대 한옥은 정갈한 세련미로 대변된다. 백인제 가옥은 최고급 한옥의 진면목을 보여준다.

한상룡은 집이 완공된 후 총독 데라우치 마사다케를 비롯해 일본 관료들을 집으로 초대해 사랑채 앞에서 기념사진을 찍었다. 친일로 얻은 부는 족쇄가 된다는 것을 그는 알았을까. 숲을 집에 빌려온 듯, 비경에 정자를 짓고 자연을 즐겼던 선비들의 풍류는 그에게도 포기할 수 없었던 가치였던 모양이다.

길을 가로질러
골목길 옆
미술관

●
북촌 02

대지 가장 안쪽에 놓인 별당은 정갈하고 세련된 근대 한옥의 진수를 보여준다.

원서동은 창덕궁 서쪽 돌담길 따라 남북으로 길게 형성된 동네다. 오른쪽의 숲이 창덕궁이다.

    원서동은 창덕궁 서쪽 돌담길 따라 남북으로 길게 뻗은 동네다. 북촌길 중 가장 한가롭고 창덕궁의 울창한 숲이 이어져 운치도 좋다. 한옥은 콘크리트 벽을 뚫고 나오는 풀처럼 메마른 도시의 '작은 싹' 같다.

    특히 한옥이 품은 상업시설에서는 숲의 '생기'마저 느껴진다. 잠시 원서동의 한옥 카페에 들렀다. 창문으로 창덕궁의 숲이 들어왔다. 문득 그 창문에 담겨질 창덕궁의 사계절이 궁금했다. 좁은 안마당에 달린 천창으로 햇살이 아낌없이 쏟아졌다. 작고 고요한 이 공간이 마치 내 집처럼 편안하게 느껴졌다.

    창덕궁 담장 따라 원서동길을 걷다 보면 길이 두 갈래로 나눠지는 지점이 나

길을 가로질러
골목길 옆
미술관

• 북촌 02

온다. 저만치 왼쪽 길에 눈길을 끄는 한옥 한 채가 보인다. 우리나라 최초의 서양화가, 고희동1886~1965이 살던 집이다. 고희동은 일본 유학 후 최초의 서양화가가 되었지만 '서양화가'에 대한 냉대로 한국화로 전향한다.

양지 바른 날, 가옥을 구경하던 중 자료실에서 반가운 얼굴을 만났다. 고희동과 간송 전형필이 함께 찍은 사진이다. 고희동은 전형필에게 '글을 읽으며 학문을 닦는 선비가 아니라 조선의 문화를 지키는 선비가 되라.'는 평생 남을 가르침을 주었다. 고희동은 휘문, 보성보통고등학교의 교사로 재직하면서 전형필, 이상과 같은 제자들을 길러냈다.

최초의 서양화가라는 이력 때문일까. 이 집은 전형적인 한옥의 공간 구성과 다른 점이 많다. 대문을 들어서면 커다란 마당이 나오고 작은 현관이 보인다. 사랑채가 전면에 나온 것도 아니고 그렇다고 안채가 보이지도 않는다. 고희동은 당대 여러 미술가, 예술가들과 활발히 교류했다. 그들을 맞이해 담소를 나눌 공간을 전면에 두고 자신의 작업실과 안채는 그 뒤에 배치한 것이다.

정식 출입문은 오른쪽으로 돌아 들어가야 한다. 현관으로 들어가면 좌우로 복도가 보인다. 이 집은 사랑방을 중심에 놓고 회오리처럼 공간을 배치했다. 안채 부엌을 끝에 두고 모든 공간을 복도로 연결함으로써, 사랑채 좌우로 좁고 긴 마당이 생겼다. 안채는 1미터 정도 높이의 단을 만들어 좁은 땅에 햇볕을 충분히 받을 수 있도록 배려했다. 복도 끝에는 각각 여성의 공간인 부엌과 남성의 공간, 사랑방이 놓인다. 하지만 안방과 사랑방은 바로 마주보고 있어 의사소통에 불편함이 없다.

현관 앞에서 본 모습. 정면이 안채, 오른쪽이 사랑채 영역이다. 두 영역이 복도로 연결되어 있다.

고희동 가옥은 입구가 2개인데, 마당에서 보이는 첫 번째 입구로 방문객을 맞는다. 집의 실제 입구는 오른쪽으로 돌아 들어가야 한다. (좌) 고희동 가옥의 평면도(우)

길을 가로질러
골목길 옆
미술관

●
북촌 02

어느 갤러리 입구에서 바라본 북촌로 5길. 북촌로 5길은 갤러리와 인왕산이 이중주를 이룬다. 국립현대미술관 서울관 옆 율곡로 1길. 멀리 북악산 자락이 보인다. 국립현대미술관은 인왕산을 담고 있다. (왼쪽 위부터 시계 방향)

건축가 엄마와 함께
서울 옛길
느리게 걷기

북촌은 서촌에서 느꼈던 불편하고 쓸쓸한 느낌이 없었다. 일제강점기 시절에도 꿋꿋하게 지킨 자리이기 때문이다. 게다가 주민들은 북촌을 자신들의 사유재산이자 공공영역으로 받아들였다. 스스로 지키고 보존한다는 자부심이 있다. 상업시설뿐 아니라 골목길 옆 미술관, 게스트 하우스 등이 주민의 삶과 공존한다.

길 따라 골목 따라 정을 느끼고, 전통문화를 체험하면서 평소의 무심함을 반성하고, 미술관이 던지는 예술세계를 편하게 접할 수 있는 곳, 북촌은 봄날 햇살처럼 늘 활기차고 즐겁다.

도시는 활기찬 공공영역이 많을수록 살만하다. 공공이 이용하는 도로, 시설, 광장에 자신을 드러내는 건축이 많을수록 더 많은 소통이 이루어진다. 특히 역사 유적의 테를 유지하고 그것을 열어놓는 것은 도시를 살만한 곳으로 만드는 원동력이다.

국립현대미술관 서울관이 '도시와의 소통'으로 풀어진 것에는 북촌도 한몫했다. 한 시대를 대표할 거대 건축이 역사 공간을 존중하는 자세를 취함으로써 북촌 역시 큰 에너지를 얻었다. 그리고 무엇보다 멀리서 병풍처럼 도심을 지키며 북촌을 존재하게 하는 원동력은 북악산과 인왕산이다. 북촌은 늘 그랬듯이 자연에 빗대 세계를 바라보던 선조의 지혜를 담고 오늘도 활기찬 도시로 살아간다.

건축가 엄마와 함께
서울 옛길 느리게 걷기
08

고종의 눈물,
돌담에 아롱지다
• 정동과 덕수궁 •

답사지

(구)러시아공사관터 → 이화여고 심슨기념관(현 이화박물관) → 중명전 → 정동교회 → 배재학당(현 배재박물관) → (구)대법원청사(현 덕수궁 시립미술관) → 덕수궁 신원전터 → 양이재 → 서울 성공회성당 → 황궁우 → 덕수궁

서울 한복판, 쉬지 않고 달리는 차들과 위압적인 빌딩 숲 틈에서 정동은 한 줄기 오아시스 같다. 그곳에서만큼은 차가 사람을 배려하고 사람들의 미소가 넉넉하다. 하지만 그 길을 오가는 사람들 중에 대한제국 시절의 덕수궁이 지금보다 3배 이상 컸다는 사실을 아는 이는 많지 않을 것이다.

고종1852~1919이 승하한 후, 일본은 기다렸다는 듯 덕수궁을 해체했다. 잘려 나간 영역들은 마치 '숨은 그림 찾기' 같아 잘 보이지 않는다. 정동을 제대로 이해하려면 옛 덕수궁 영역을 자세히 들여다봐야 한다. 숨겨진 흔적들을 하나하나 찾아내면 대한제국 시절 정동이 퍼즐처럼 맞춰진다.

옛 러시아공사관터부터 정동 답사를 시작하기로 했다. 고종이 왜 덕수궁을 정궁으로 만들었는지, 아관파천을 단행한 이유가 무엇인지를 상징적으로 보여 주는 곳이기 때문이다. 그리고 덕수궁 영역이었던 중명전, 선원전터, 양이재를 둘러보고 그 사이 사이 열강의 흔적도 만날 것이다. 마지막으로 조선호텔에 남아 있는 '황궁우'를 돌아보면 독립국가 '대한제국'과 우리가 미처 몰랐던 '고종'을 대면하게 된다.

노란 비가 쏟아지던 늦가을. 덕수궁 돌담은 기꺼이 사진의 배경이 되어주었다.

고종의
눈물,
돌담에 아롱지다
•
정동과 덕수궁

덕수궁 밖,
옛 덕수궁을 찾아서

중명전 • 선원전터 • 황궁우

그날따라 매서운 바람이 가는 길을 방해했다. 은행나무들은 가지만 앙상했고 몸과 마음은 자꾸 따스한 햇살을 찾고 있었다. '실패'라는 주홍글씨를 떼지 못하는 '대한제국'과 '고종'의 흔적을 찾아가는 길이라 그런가. 찬바람이 온 몸을 감싸더니 마음까지 타고 들어온다. 정동이 이리 휑한 거리였던가. 차가워진 마음에 풍경까지 낯설다. 경향신문사를 지나 캐나다 대사관을 왼쪽으로 끼고 언덕길을 오르면 옛 러시아공사관터가 나온다. 지금은 정동공원의 일부가 되었지만 구한말 가장 '핫'한 사건 '아관파천'의 역사적 현장이다.

개화기 시절 공사관과 종교 건물은 높은 곳을 선호했다. 한양을 내려다보기 좋았기 때문이다. 지금은 높은 건물들이 주변을 둘러싸고 있지만, 그 시절, 러시아공사관에 서면 저 멀리 남산은 물론이고 정동도 한눈에 내려다보였다. 이제는 도시의 섬이 된 공사관터에 탑만이 기념비가 되어 서 있다. 탑은 당당한데

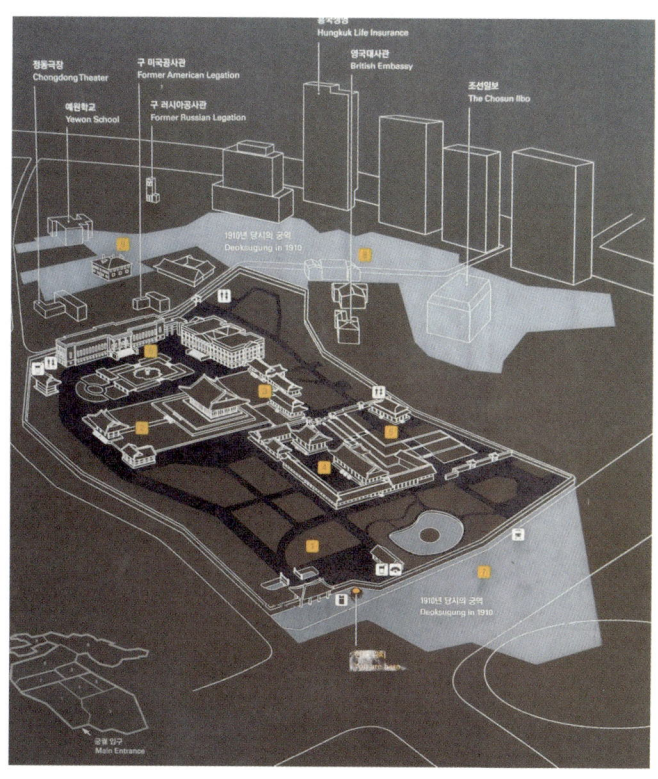

1910년경의 덕수궁은 그림의 회색 부분을 포함하고 있었다. 현재는 1/3로 축소된 모습이다.

주변 건물들은 무심한 것이, 마치 고종을 바라보는 시선 같아 쓸쓸했다.

일본은 경복궁 건청궁에서 명성왕후를 시해하는 '을미사변'을 일으켰다. 그 사건 이후 고종은 심각하게 신변의 위험을 느낀다. 미국과 유럽공사관에 도움을 청했지만 미국은 조선 내정 불간섭 방침으로 외면했다. 결국 고종은 이른 새벽을 틈타 러시아공사관으로 몸을 피한다. 이후 고종은 러시아공사관에서 친일내각을 숙청하고 조선을 독립국가로 선포하기 위해 치밀한 계획에 착수한다.

덕수궁은 개혁의 중심지로 최적이었다. 세계열강이 모인 정동은 독립국가로서의 위엄을 보여주기에 가장 효과적이었던 것이다. 물론 상징성도 한몫했다. 선조는 임진왜란 이후 성종의 형 월산대군의 저택에 머물렀고 그곳에서 생을 마감했다. 저택은 '경운궁'이라는 궁궐로 승격됐고 국난 극복의 상징적인 장소가 되었다. 이 경운궁이 바로 덕수궁이다.

고종은 1907년 일본에 의해 강제로 퇴위될 때까지 덕수궁을 확장하고 근대국가로 거듭나기 위해 개혁을 추진했다. 명성왕후 시해 후, 국내외 여론이 심각해지고 반일 감정이 극에 달했기 때문에 일본은 1904년 러일전쟁 때까지 조선에 정치적 압박을 가할 수 없었다.

러시아공사관터에서 다시 정동길로 나와 따스한 햇살 속으로 몸을 의지했다. 정동극장을 지나서 그 옆 골목 깊숙한 곳에 '을사늑약'의 장소, 중명전이 있다. 늘 그랬듯 중명전은 뼛속까지 시린 기억을 안고 아름다운 자태로 객을 맞는다. 마당이 햇살을 머금으면 중명전의 당당한 기품이 은은하게 퍼진다. 부드럽게 연속된 아치, 완만한 지붕선, 우아한 화강석 난간, 적벽돌과 흑벽돌의 조화 등 품위 있는 건물에는 다 이유가 있다.

중명전과 그 옆 예원학교 주변은 원래 서양 선교사들의 거주지였다. 1901년 중명전이 황실 도서관으로 준공되면서 덕수궁에 편입되었고 그 주변에는 환벽

아관파천의 현장, 러시아공사관터에는 탑만 남아 홀로 기념비가 됐다.

고종의
눈물,
돌담에 아롱지다

●
정동과 덕수궁

중명전은 1905년 을사늑약이 이뤄진 장소로 원래는 덕수궁과 연결되어 있었다.
중명전 주변에는 환벽정을 비롯해 10여 채의 건물이 있었다.

건축가 엄마와 함께
서울 옛길
느리게 걷기

정을 비롯해 10여 채의 건물이 있었다. 1904년 덕수궁에 큰 화재가 났을 때는 고종이 중명전을 집무실로 사용하기도 했다.

주인이 수시로 바뀌다가 우여곡절 끝에 2010년 복원 작업이 완료된 후, 현재는 무료로 개방하고 있다. 늘 독립운동과 관련된 기획 전시들이 열리고 있어 올 때마다 새롭다. 상처에 새순이 돋아나는 느낌이랄까. 대한제국 시절 잘생긴 서양식 건물을 둘러보고 뜻 깊은 전시까지 볼 수 있어 중명전은 사계절 내내 온기가 가득하다.

평일 낮, 많은 직장인들이 덕수궁 옆 돌담길을 오갔다. 구세군중앙회관으로 향하는 길은 건물 없이 오롯이 햇살 아래 돌담길을 걸을 수 있다. 사람들은 저마다 길을 걸으며 사연을 나누고 새로운 힘을 얻어가는 듯했다. 내리막이 시작되면 구세군중앙회관과 덕수초등학교가 차례로 나오는데 모두 덕수궁 옛 영역의 일부다. 그리고 덕수초등학교 건너편에 커다란 빈터가 보이는데 바로 덕수궁의 옛 영역인 선원전터다.

고종이 덕수궁을 확장할 때 가장 신경 썼던 곳이 '선원전', 그리고 조선호텔에 일부 남아 있는 '환구단'이다. 선원전은 역대 임금의 어진을 모신 곳으로 수시로 왕이 행차해 예를 차렸다. 고종은 선원전과 환구단을 구본신참舊本新參, 옛것을 근본으로 삼고 새것을 참고한다을 실행할 장소로 생각했다. 중국과의 오랜 사대관계를 끊고 열강 앞에서 자주 독립국을 선포함으로써 군주의 의무를 다하고자 했던 것이리라.

일본은 고종이 선원전에 두는 각별한 의미를 잘 알고 있었다. 1919년 고종이 승하하자 창덕궁에 선원전을 지어 어진을 모두 옮기고, 덕수궁의 선원전 일대를 차례로 매각한다. 구세군중앙회관 앞 도로도 선원전터의 일부로 1922년에 만들어진 것이다.

오랫동안 선원전터에 있던 경기여고가 1988년 강남으로 이전한 후, 이곳은 계속 공터로 남아 있었다. 이름 모를 공간으로 방치된 것도 모자라 서서히 그 이름마저 사람들의 기억에서 소멸되기 시작할 쯤, 다행히 2015년부터 2039년까지 총 3단계로 나눠 선원전터가 복원된다. 옛 경기여고 관련 지하 시설물을 해체하고 발굴조사를 진행했고, 1단계 사업으로 아관파천길도 복원될 예정이다.

도로를 비롯해 오른쪽 구세군중앙회관과 그 아래 덕수초등학교, 모두 덕수궁 옛 영역이다.

선원전터가 이렇게 오랫동안 방치된 이유는 정부의 무지와 외교 문제 때문이었다. 정부는 무상임대한 세종로 미국 대사관과 을지로 미국 문화원을 넘겨받는 대신 선원전터를 미국 대사관 신축 부지로 내주었다. 하지만 옛 덕수궁터를 보존해야 한다는 목소리가 높아지자, 오랜 교착상태 끝에 2005년 용산 땅의 일부를 대신 제공하기로 결정했다.

만약 이 자리에 미국 대사관이 들어섰다면 선원전은 역사 속에 영원히 묻혀버렸을 것이다. 고종의 독립 의지와 함께 말이다. 부관참시剖棺斬屍. 죽은 사람을 관에서 꺼내어 목을 베는 형벌가 될 뻔한 위기를 넘기고 극적으로 살아남은 선원전터의 내일을 기대해본다.

선원전터는 옛 덕수궁 영역으로 역대 왕의 어진을 모신 곳이다. 정부는 2039년까지 이 일대를 복원할 예정이다. 터 안에는 회화나무 한 그루가 힘겹게 서있다.

선원전터에는 회화나무 한 그루가 외로이 서 있다. 잡귀를 물리친다고 궁궐의 마당이나 입구에 세워진 회화나무, 긴 세월 홀로 자리를 지킨 그가 안쓰러웠다. 이제 더 이상 버틸 힘이 없다며 구조물에 의지하고 있지만, 지금이라도 외롭게 흘렸을 눈물을 닦아줄 수 있어 다행이다.

다시 왔던 길을 되돌아 대한문에 이르렀다. 그리고 저만치 서울광장 건너편에 기와로 된 삼문三門이 흐릿하게 보인다. 삼문 뒤 언덕에는 고종의 독립 의지를 상징하는 '환구단'이 있다. 흐린 날씨에다 줄지어 지나가는 차들로 시야가 가려져 삼문은 존재감이 없었다. 이제껏 삼문이 그곳에 존재하는지도 몰랐던 이유는 무엇일까. 고종의 간절한 마음을 외면했던 우리의 무관심이 나에게도 예외는 아니다.

서울광장을 건너 삼문을 향해 걸어갔다. 삼문을 지나 황궁우를 향해 계단을 오르니, 3층짜리 목조건물 '황궁우'가 한껏 날아오를 기세로 눈앞에 나타났다. 그 앞에 서니 아름다운 모습에 눈이 가고 아픈 기억에 마음이 아린다. 그리고 숱한 물음이 쏟아진다. '만약 일제강점기를 겪지 않았다면 대한제국은 어찌 되었을까.' 비록 자리는 궁색해졌지만 황궁우의 아름다운 자태는 숨길 수 없다. 난간에 새겨진 해태상과 연꽃은 정교하고 아름답다.

환구단은 하늘에 제사를 지내는 곳이다. 500여 년 중국의 제후국이었던 조선은 황제만이 지낼 수 있다는 제천례를 행할 수 없었다. 중국 중심의 세계관에 갇혀 스스로를 낮추고 살았던 세월들, 아직까지 남아 있는 사대주의가 괜히 생

대한제국 시절 환구단의 모습. 환구단은 하늘에 제사를 지내던 제단으로 원구단과 황궁우로 구성되었다. 왼쪽이 현재까지 남아 있는 황궁우의 모습. 오른쪽은 원구단으로 지금의 조선호텔 자리. 황궁우 앞으로 지금도 존재하는 돌 삼문이 보인다.

긴 것이 아니다. 1897년 러시아 공사관에서 덕수궁으로 거처를 옮긴 고종은 국호를 '대한제국'으로 선포하고 환구단에서 제천례를 치른 후 황제에 즉위했다. 이후 대한제국은 1897년부터 1910년까지 짧은 생애를 보내며 근대적 독립국가로 살았다.

환구단은 원구단과 황궁우로 이뤄졌다. 원구단은 천원지방^{땅은 네모지고 하늘은 둥글다}에 따라 하늘을 상징하는 원형의 제단이다. 그곳에서 제천례를 행한다. 황궁우에는 신위를 모셨다. 일본은 1913년 원구단을 헐고 그 자리에 철도호텔^{지금의 조선호텔}을 지었다. 짝을 잃은 황궁우는 조선호텔의 장식품으로 전락해 지금도 호텔 한편에 생뚱맞게 서 있다.

호텔 쪽에는 옛 원구단의 입구인 돌 삼문이 남아 있다. 돌 삼문을 보면 옛

돌 삼문에서 바라본 황궁우의 모습. 조선호텔의 장식품으로 읽힐 뿐, 고종의 뜻은 잊혔고 환구단은 허상의 장소가 되었다.

제단의 정문이었던 돌 삼문. 섬세한 조각과 다부지게 돌을 쌓아 올린 모습이 아름답다.

원구단이 얼마나 정성스럽게 지어졌는지 짐작할 수 있다. 섬세하고 아름다운 조각들, 다부지게 쌓아올린 돌과 기와들이 그래서 더 처연하다.

현재 덕수궁은 도심 공원 역할을 하지만 궁으로서의 자존심은 어떤가. 마치 기억상실증에 걸린 것처럼 역사의 여백이 되어 버렸다. 덕수궁과 마주보는 황궁우 또한 마찬가지다. 조선호텔의 부속이나 장식품으로 읽힐 뿐, 고종의 독립의지는 잊혔고 환구단은 허상의 장소가 되었다.

황궁우 자리는 원래 선조의 아들 의안군의 제택이었는데 이후 중국 사신의 숙소와 연회장으로 사용되었다. 고종은 바로 그 장소에 환구단을 건설해 중국과의 오랜 사대관계를 끝내겠다는 강한 의지를 천명했다.

조선은 지리적으로나 역사적으로 중국의 지대한 영향 속에 있었다. 아편전쟁을 통해 청나라가 무너진 후에도 여전히 청의 속국으로 국제 정세를 바라봤다. 반면 가장 변방에 있던 일본은 중국이나 한국보다 적응이 빨랐다. 섬나라는 육지를 탐한다. 일본 역시 대륙으로 가는 길목에 위치한 한반도를 호시탐탐 노렸으니 지리적 운명이라 할 만하다. 하지만 경술국치는 국제 정세에 밝지 못한 조선의 탓이요. 주체적으로 대응하지 못한 반도국가의 설움이리라. 러일전쟁에서 승리한 일본은 일사천리로 조선을 합병한다.

1863년 왕위에 오른 고종은 43년을 조선의 왕으로, 그리고 대한제국의 황제로 살다 갔다. 재위기간 내내 청, 일본, 러시아 등 강대국의 간섭에 익숙했던 고종은 어떤 인물이었을까. 그저 무능한 군주라 하기엔 억울한 부분이 많다. 특히 그의 집권 후기를 주목할 필요가 있다. 1899년 대한제국 시절, 고종은 유교를 국교로 선포했다. 유교를 정치 이념이 아닌 종교로 받아들이겠다는 의지를 나타낸 것이다.

유생들의 과거제 부활 요구도 받아들이지 않았고 고위관리에게 단발을 하도록 권고하기도 했다. 미천한 신분이라도 실무에 능한 인물이면 등용했다. 대한제국은 근대화 사업에도 열심이었다. 전국의 토지를 측량해 토지 문서를 만들었고 전차, 전기, 철도 시설 등도 수용했다. 중국 사신을 영접하던 영은문 자리에 독립협회가 세운 독립문도 고종이 지원했다.

그는 을사늑약이 체결된 후 최소 여섯 번 이상 밀사를 보내 서양 열강들에게 대한제국의 독립을 호소했다. 하지만 영국, 미국 등 제국주의 국가들은 고종의 외침을 외면했다. 일본의 편에 서는 것이 자신들의 식민지 경영에 도움이 된다고 생각했던 것이다. 결국 1907년 헤이그에서 열린 만국평화회의에 밀사를 파견한 사건을 빌미로 일본은 고종을 강제 퇴위시킨다.

일본은 조선의 강점을 정당화해야 했다. 고종의 무능함, 당쟁과 외척의 간섭, 열등한 국민성 등을 끊임없이 강조한 이유가 그것이다. 일본은 자신들에게 유리하도록 조선의 역사를 왜곡했고 우리는 여전히 식민사관에서 자유롭지 못하다.

고종의 마지막 순간은 갑작스럽게 다가왔다. 1919년 고종은 식사 후 후식으로 나온 식혜를 먹고 세상을 떠났는데 일본이 독살했다는 의심이 끊이지 않았다. 당시 고종은 이회영과 이시영의 주도로 상해로 망명을 추진 중이었다. 고종이 승하하고 얼마 지나지 않아 탑골공원에서 3.1 독립선언서가 낭독되고 3.1 만세운동이 일어난다.

근대 기독교 문화의 중심지, 정동

이화여고 심슨기념관 • 정동교회 • 서울 성공회성당

기독교는 낙후된 지역의 삶을 '교육'을 통해 개선시킨다는 명목으로 조선에 들어왔다. 이화여고 역시 1886년 미국 감리교의 여 선교사인 스크랜턴이 세운 학교다. 당시 건물 중 지금까지 유일하게 남아 있는 것이 심슨기념관이다. 미국인 사라 심슨이 위탁한 기금으로 지어진 건물로 현재는 이화박물관과 기숙사로 사용된다.

심슨기념관은 벽돌과 화강암, 박공지붕이 어우러져 묵직하면서도 경쾌하다. 잠시 심슨기념관 속 이화박물관에 들어갔다. 뿌리 깊은 남성 중심 사회에서 여성이 교육을 받는다는 것은 얼마나 어려운 일이었을까. 그곳에서 자유와 평등에 눈떴던 120년 전의 여학생들을 만날 수 있다.

정동교회는 우리나라 최초의 미국 감리교회이다. 미국공사관, 이화여고, 배재학당이 모두 개신교의 영역으로 정동은 미국 문화의 중심지였다. 정동길은 조선에 유입된 기독교 문화가 어떻게 구현되었는지 살펴보는 재미가 있다.

정동의 서양식 건물들 중 이화여고 심슨기념관.
1893년 이화학당 학생과 교사들.
최초 감리 교회인 정동교회.
배재학당 역사박물관. (왼쪽 위부터 시계 방향)

고종의
눈물,
돌담에 어롱지다

• 정동과 덕수궁

우리나라 서양식 건물 중 백미로 꼽히는, 서울 성공회성당을 보기 위해 대한문으로 향했다. 대한문을 지나 돌담길 따라 영국대사관 입구에 다다르면 오른편에 한옥 '양이재'가 나온다. 양이재 주변도 옛 덕수궁 영역으로 황족의 교육을 담당했던 수학원과 꽃담이 있던 홍원紅園이 있었다. 홍원은 어떤 정원이었을까. 경복궁의 아미산과 자경전의 굴뚝 모두 고종 때 세워졌으니 그 아름다움과 견주어 손색이 없었을 것이다. 일본의 훼철 속에서도 살아남은 덕수궁의 꽃담, 유현문처럼 기품과 우아함이 서렸을 홍원을 상상해본다. 양이재는 원래 함희당과 연결되어 있던 건물로 규모가 컸다. 지금은 비록 홀로 서 있지만 건너편의 성공회성당과 견주어도 기품에서 밀리지 않는다.

성공회는 16세기 가톨릭에서 분리된 영국 국교이다. 예배와 풍습은 달라도 교리와 관행은 가톨릭과 거의 같다. 조선에는 1890년에 들어왔는데 성공회는 전통문화를 존중하면서 외래 종교에 대한 거부감을 최소화하려고 노력했다. 덕분에 지금도 한옥 성당이 강화, 진천, 청주에 남아 있다.

건물에도 품성이 있다. 그 품성은 건물을 지은 사람의 인격까지 드러낸다. 아름답게 나이든 사람을 보듯 지난 세월의 연륜과 여유가 느껴지는 이 건물을 어찌 사랑하지 않을 수 있을까. 이처럼 큰 덩치로 우아함과 중후함을 유지하는 건물은 거의 없다.

뾰족한 첨탑으로 겁을 주지도 않고 화려한 조각으로 기를 죽이지도 않는다. 그저 종탑과 아치 창문들은 묵직한 건물에 리듬감을 부여할 뿐 홀로 튀지 않는다. 처마선은 한옥의 서까래를 연상시키고 지붕에는 한식기와도 종종 보인다.

성공회성당은 우리나라 서양식 건물 중 백미로 꼽힌다. 성공회는 외래 종교에 대한 거부감을 최소화하기 위해 전통문화를 존중했는데 지금도 일부 성당 지붕에는 한식기와가 얹어져 있다.

고종의
눈물,
돌담에 아롱지다
●
정동과 덕수궁

1912년 양이재를 임대해 사용하다가 1920년에 매입했던 그들은 전통 한옥의 멋을 알았을 것이다.

성당에 들어서면 단아하고 정갈한 모습이 인상적이다. 화려함은 순간을 사로잡지만 절제된 단아함은 시간을 초월하는 마력을 갖는다. 유교의 나라 조선은 절제와 겸손이 미덕이었다. 그 미덕이 예술로 승화된 백자는 시간과 장소를 넘어선 아름다움이 서린다.

성공회성당의 내부는 조선의 백자가 떠오를 만큼 한국적 정서와 잘 맞는다. 최근 성공회성당을 가렸던 옛 조선총독부 체신국 청사가 철거되었다. 덕분에 서울시청 광장에서도, 거리에서도 이 아름다운 교회를 바라볼 수 있게 되었다.

성공회성당의 내부. 가톨릭 성당과 다르게 화려하지 않고 단아하며 정갈하다. 초기 성당은 1926년 원래 설계보다 축소되어 준공됐다가 1996년 현재의 모습으로 완성되었다.

덕수궁의 상처,
훗날의 영광

석조전 • 중화전 • 정관헌

실내에 바이올린과 피아노 선율만이 울린다. 피아노는 격정의 바이올린에 자신을 맞추고, 바이올린은 오롯이 연주자의 손에 몸을 맡기며 석조전 로비에 자신을 태운다. 그날 고종이 즐겨 듣던 몽금포타령이 바이올린과 이리 잘 어울릴 줄 미처 몰랐다.

2015년 덕수궁 석조전에서 열렸던 음악회 '음악으로 역사를 읽다'. 고종이 지었고 머물렀던 공간, 석조전에서 그가 즐겨 듣던 음악을 만난다는 기획으로 6개월 동안 매달 마지막 수요일 무료로 음악회가 열렸다.

바이올린과 피아노, 단 두 가지의 악기가 연주하는 몽금포타령, 비발디의 사계, 모차르트의 터키행진곡, 동요 오빠생각, 그리고 대한제국 애국가까지 다양한 레퍼토리가 펼쳐졌고 실내악의 진면목을 느낄 수 있는 깊은 울림이었다.

4월의 음악회가 끝난 어느 저녁, 덕수궁은 오후 내내 내린 비로 공기까지 덕수궁 전경. 중화전과 소나무가 액자 되어 궁과 도심을 담는다. 덕수궁은 시민과 가장 가까운 궁궐이자 쉼터다.

상쾌했고 불빛에 도도해진 중화전은 더욱 화려했다. 정동 답사길을 덕수궁 석조전에서 끝내기로 했다. 아름답게 복원된 석조전 안에서 그날 울렸던 감동을 곱씹으면서 말이다.

덕수궁은 전통적 궁궐 전각과 서양식 건물이 어우러진 구본신참의 생생한 현장이었다. 석조전은 19세기 초 유럽에서 유행하던 신고전주의新古典主義. 18세기 말부터 19세기 초까지 유럽에 나타난 예술 사조로 그리스, 로마에 대한 동경과 합리주의적 미학을 바탕에 둠. 양식으로 지어졌다. 복원공사를 거쳐 현재는 대한제국 역사관으로 사용되는데 고종의 침실과 서재, 응접실 등을 볼 수 있다.

석조전 뒤에는 2층짜리 벽돌 건물 돈덕전이 있었다. 원래 수출입에 대한 관세행정을 보는 세관 건물이었는데, 1901년 덕수궁 영역으로 편입된다. 고종은 돈덕전에서 외교 업무를 보았고, 이곳에서 순종의 즉위식도 거행되었다. 대한제국의 핵심 시설이던 돈덕전은 1921년 일본이 덕수초등학교로 가는 도로를 내면서 해체된다.

덕수궁에 근대식 건물이 들어서면서, 근대국가의 중심이라는 상징성이 강해졌다. 일본에겐 오랫동안 눈의 가시였을 것이다. 그들은 고종이 승하하자 덕수궁 영역의 3분의 2를 팔거나 도로로 만들었다. 그리고 그나마 남아 있던 나머지 궁역은 왜곡시켰다. 덕수궁의 정전, 중화전은 인정전과 근정전처럼 회랑으로 둘러싸여 있었지만 고종 승하 후 대부분 없어진다. 일본은 석조전을 상설 미술관으로 격하시켰고 1937년 석조전 서관을 지어 '이왕가미술관'으로 사용했다. 그리고 1938년 지금과 같은 형태의 서양식 정원을 만든다.

덕수궁 석조전 뒤, 벽돌조로 지어진 돈덕전이 보인다. 문화콘텐츠진흥원.(위)
덕수궁 석조전은 1910년 신고전주의 양식으로 완공되었다. 복원공사를 거쳐 현재는 대한제국 역사관으로 사용되는데 고종의 침실과 서재, 응접실 등을 볼 수 있다.(아래)

고종의
눈물,
돌담에 아롱지다
•
정동과 덕수궁

정관헌은 1900년 러시아 건축가 사바틴의 설계로 지어진 서양식 건물로 고종이 휴식을 취하거나 연회를 베풀던 곳이다.(위)
확실히 아이들은 덕수궁을 다른 궁궐보다 편하게 생각하는 것 같다. 아이들은 자연스레 여기저기 앉을 곳을 찾아 휴식을 취하거나 책을 읽었다.(아래)

정동길에서 만난 것은 '낭만'이 아니었다. 오히려 숱한 물음과 깊은 쓸쓸함이 계속 침전되었다. 빼앗긴 자리, 팔린 자리, 훼손된 자리를 대면해야 했기 때문이다. 이런 감정들은 덕수궁에서 정점을 찍는다. 처음 덕수궁을 보았을 때 적잖이 실망했던 기억이 난다. 전각들은 산만하게 흩어져 있고 체계도 없었다. 서양식 공원이 들어선 것도 생뚱맞았다. 이제껏 봐왔던 궁궐의 위엄과 격식과는 거리가 멀었던 것이다.

이 낯선 기분은 모두 덕수궁의 운명을 몰랐기 때문이리라. 덕수궁은 일본의 의도대로 황실의 흔적을 지우고 1933년 도심의 공원으로 일반에게 개방되었다.

누군가는 조선이 독립할 수 있는 유일한 기회가 대한제국 시절이었다고 말한다. 그렇기에 우리는 독립국으로 지냈던 대한제국과 고종을 지금쯤은 재조명할 필요가 있다. 스스로를 자책할 필요가 없다. 그 안에서 얼마나 노력했느냐가 중요하다. 핵심은 우리를 지배한 '일본'이 아니라 그 억압에 저항한 '우리'이기 때문이다.

무엇보다 열강에 찢긴 아픔을 딛고 자존감을 회복해야 미래 세대에게 당당할 수 있을 것이다. 덕수궁 영역의 복원은 고종과 우리의 독립 의지를 복원하는 것과 같다.

다행히 2030년쯤에는 지금과 사뭇 다른 덕수궁을 볼 수 있을 것 같다. 선원전터와 서양식 건물, 돈덕전이 복원되면 덕수궁은 동서양을 아우르는 빈티지한 궁궐로 새롭게 태어날 것이다. 경복궁도 창덕궁도 해내지 못했던 '구본신참'을 덕수궁이 완성하는 것이다.

    비록 땅은 찢겨 나갔어도 옛 덕수궁의 나무들은 정동 곳곳에 남아 대한제국의 정령이 되었다. 그리고 열강들의 틈에서 독립을 외치던 고종의 바람대로 덕수궁은 자주를 상징하는 장소로, 시민들과 가장 가까운 궁궐로 남을 것이다.

덕수궁의 울창한 숲은 언제 와도 좋다. 창덕궁 후원처럼 맘먹고 가지 않아도 되고 경복궁처럼 한참을 걷지 않아도 된다. 덕수궁 숲은 도심 앞에 바로 다가와 있다.

건축가 엄마와 함께
서울 옛길 느리게 걷기
09

유교적
이상도시를 찾아서

· 한양 ·

답사지

경복궁 / 창덕궁 / 종묘 / 사직단

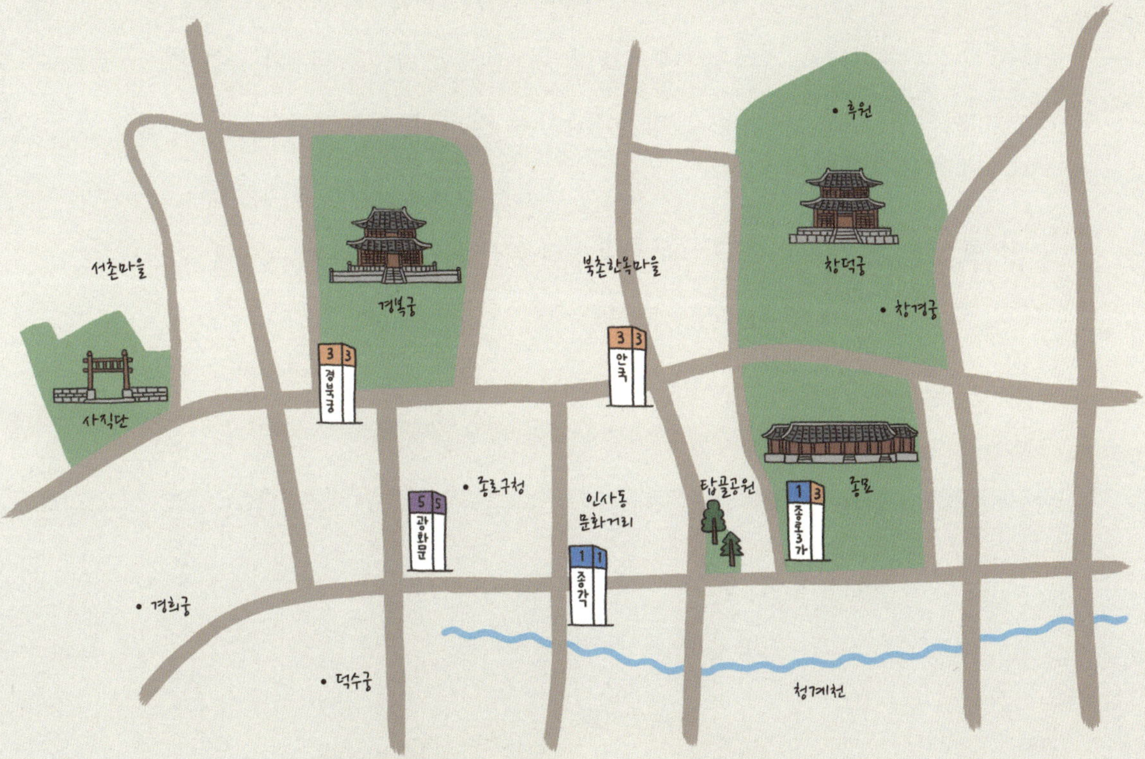

유교의 나라, 조선의 탄생

　도시는 '권력'의 자양분을 먹고 자란다. 도시 환경은 사람들의 사고와 태도에 영향을 끼치기에 권력은 '도시'라는 틀을 이용해 사람들을 통제해왔다. 정치적 라이벌이나 이전 권력의 흔적을 지우기 위해 기념비적인 건물을 세우기도 한다. 지금의 대한민국을 보더라도 각 정권이 남긴 큰 흔적들을 쉽게 볼 수 있다.
　서울은 600년 전, 정치적으로 대립했던 두 인물의 이상이 공존한다. 바로 왕도정치를 꿈꾸었던 정도전1342~1398과 절대 왕권을 원했던 이방원1367~1422이다. 그들의 꿈은 각각 경복궁과 창덕궁으로 표출된다.

경복궁은 평지에, 창덕궁은 산자락에 각각 세워졌지만 눈치 빠른 사람들은 두 궁궐이 뭔가 조화롭지 못하다는 사실을 알 수 있다. 이방원은 정도전의 목숨을 빼앗지만, 이미 한양은 정도전의 진두지휘 아래 유교적 이상도시로 완성된 후였다. 경복궁과 창덕궁을 비교해보는 것은 조선 건국과 왕권이 확립되는 과정을 지켜보는 것과 같다.

경복궁은 남북축 중앙에 왕과 관련된 시설이 일렬로 배치되었다. 왼쪽부터 흥례문, 근정문, 근정전, 그리고 북악산이 차례대로 보인다.

이성계의 위화도 회군은 정도전이 유교적 이상 국가를 실현하도록 날개를 달아준다. 정도전은 역성혁명의 명분을 얻기 위해 수도 이전을 결정한다. 옛 왕조의 수도는 정치적으로나 심리적으로 부담스럽기 때문이다.

한양은 한반도의 중간 지점이면서 사방으로 뻗어나가는 요충지, 한강을 접하고 있었다. 게다가 북악산, 낙산, 목멱산남산, 인왕산이 내사산內四山, 한양을 둘러싼 4개의 산이 되어 한양을 둘렀고 터도 꽤나 넓었다. 지금이야 건물이 우리의 시야를 채우지만 당시에는 산이 한양 사람들의 시야를 꽉 채웠다. 자연이 도시, 한양을 구성하는 가장 중요한 요소였던 것이다. 지금도 성곽길에 오르면 4개의 산이 한양을 둘러싸고 있는 모습을 쉽게 볼 수 있다.

정도전1342~1398, 그는 한양 건설공사의 총 책임자였다. 그는 주례周禮, 중국 주나라와 전국시대 관직제도 등을 기록한 유교의 경전의 고공기考工器, 주례 중 한편으로 중국에서 가장 오래된 과학기술서를 충실히 따라 한양을 설계했다.

유교를 정치 이데올로기로 받아들인 조선에게 '제사'와 '농업'은 국가의 틀을 잡는 가장 중요한 요소였다. 그래서 제일 먼저 왕의 사당인 '종묘'와 토지와 곡식의 신에게 제사를 지내는 '사직단'을 건설했다. 종묘사직은 유교국가의 핵심이다. 정도전은 고공기에 따라 '좌묘우사左廟右社'로 두 공간을 배치했다. 북악산을 등지고 앉았을 때 경복궁 좌측에 '종묘'를 우측에는 '사직단'을 세운 것이다. 지금도 종묘사직은 600년 전 그 자리에 그대로 남아 있다.

정도전은 경복궁을 설계했고 한양도성을 쌓았으며 성균관을 세웠다. 뿐만 아니라 광화문 앞 육조의정부에 속했던 6개의 중앙관청. 이조·호조·예조·병조·형조·공조의 총칭 거리를 닦았고 성문 이름과 한성부의 5부 52방 이름까지 지었다. 그리고 경국대전의 바탕이 된 조선경국전도 만들었다. 도시의 기틀과 법의 기초를 모두 만든 것이다.

유교의 나라, 조선은 그렇게 정도전의 손에 의해 완성됐다.

경복궁,
품격을 복원하다

건청궁 • 향원정

경복궁의 가장 안쪽에는 커다란 연못과 정자를 갖춘 향원정이 무릉도원처럼 숨어 있다. 북악산을 뒤뜰로 거느리고 경복궁에서 가장 호사스럽게 연못과 숲이 꾸며져 있다. 가을이 오면 향원정은 화려하게 만개하는데 관람객들은 그 모습을 놓치지 않으려고 분주하다. 북악산과 2층 정자는 화려한 정원을 다스리며 절제와 균형을 놓치지 않는다.

향원정은 왕의 정원이다. 왕과 신하가 공식적인 연회를 열던 경회루와는 다른, 사적이고 내밀한 공간이다. 연못 남쪽에 놓인 나무다리 '취향교'는 원래 북쪽에 있었다. 향원정 뒤쪽으로 보이는 기와집 '건청궁'에서 건너가도록 배려한 것이다.

건청궁은 고종이 흥성대원군을 물리치고 스스로 정치를 시작하면서 1873년 명성황후와 살기 위해 지은 집이다. 그래서 별궁이지만 일반 사대부가의 구조를 가졌다. 고종은 1885년부터 1896년 아관파천을 단행할 때까지 건청궁에서 살았다. 고종과 명성황후는 북쪽에 놓였던 취향교를 건너서 향원정에 가곤 했다.

현재 건청궁은 1909년 일본에 의해 철거되었다가 거의 100년 만인 2007년 복원된 것이다. 일본이 한일합방이 되기도 전에 건청궁을 철거한 이유는 조선 역사상 가장 비극적인 사건 중 하나인 '명성황후 시해사건'이 이곳에서 일어났기 때문이다.

20세기만 해도 경복궁은 초라하기 그지없었다. 해방이 되고도 반세기 동안이나 조선총독부 건물이 앞을 가리고 있었으니 그 찢겨진 마음은 오죽했을까. 그 기구한 운명이 명성황후와 다를 게 없다. 경복궁은 임진왜란 후 270년 동안 방치되다가 1867년 흥선대원군이 중건해 화려하게 부활한다.

경복궁 가장 안쪽에 있는 왕의 정원, 향원정. 오른쪽 기와집이 모인 곳이 명성황후 시해사건이 일어난 건청궁으로 2007년에 복원됐다.

하지만 경술국치 후 일본은 왕권의 상징인 경복궁을 철저하게 훼손한다. 먼저 1916년 광화문과 근정문 사이에 있던 영제교와 흥례문을 헐었다. 그리고 1926년 그 자리에 조선총독부를 세우면서 경복궁의 맥을 끊어 놓는다. 1917년 창덕궁이 불에 탔을 때는 경복궁의 강녕전, 교태전 등 주요 전각 400여 칸을 헐어 창덕궁에 옮겨 짓는다. 뿐만 아니라 일본인의 개인 집, 사당, 사찰 등을 짓는 데도 사용했다. 참혹한 훼손으로 경복궁은 10분의 1로 축소되었다. 경회루와 근정전밖에 남지 않았던 것이다.

광화문의 운명도 순탄치는 않았다. 일제강점기에 겨우 목숨을 부지했지만 1927년 경복궁 동쪽문인 건춘문 북쪽으로 옮겨진 후 모양새까지 바뀐다. 한국전쟁 때 소실된 후 1968년 원래 자리에 복원되지만 그 과정은 무지의 연속이었다. 문루는 철근 콘크리트로 만들어졌고, 남북 측은 조선총독부 건물에 맞춰 동쪽으로 틀어졌다. 그리고 박정희 대통령이 쓴 현판이 걸렸다.

다행히도 1990년부터 2010년까지, 1차 경복궁 복원사업이 이루어졌다. 가장 시급했던 문제는 경복궁의 축을 바로잡고 뼈대를 올리는 일이었다. 발굴조사를 거쳐 1995년에 왕의 침실이었던 강녕전을, 1994년에 왕비의 침실이었던 교태전을 복원했다. 그리고 1996년 마침내 조선총독부 건물을 철거했다. 2001년에는 흥례문 일곽과 영제교를 복원했고 2010년 광화문이 복원되면서 1차 복원사업을 끝마쳤다.

고종 당시 경복궁은 약 500여 동이었던 규모에서 지금은 25% 수준까지 복원되어 어느 정도 정궁으로서의 품격을 갖춘 모양새다. 1차 사업이 경복궁의 뼈

건청궁 옆으로 건물 3채가 복도로 연결된 집옥재 일원이 나온다. 왼쪽부터 팔우정, 집옥재, 협길당이다. 가운데 위치한 집옥재는 2층 건물로 1891년 창덕궁에 있던 것을 옮겨왔다. 고종은 아관파천 전까지 집옥재 일원을 서재와 외국 사신을 접견하는 장소로 사용했다.(위) 건청궁 사랑채 모습(아래)

대를 만드는 것이었다면 2011년부터 시작된 2차 사업은 살을 붙이는 작업으로 지금도 진행중이다. 비록 조선 최초 궁궐임에도 최근에 복원된 전각들이 가장 많지만 이제라도 조선 건국 당시 정도전이 그렸던 이상 도시의 핵심, 경복궁을 제대로 볼 수 있게 되었다.

일제강점기 시절 경복궁. 근정전과 경회루 영역만 선명하다.(당시)
현재 국립민속박물관 정문 자리에 위치했던 광화문의 모습.(위·아래)

정도전의 이상, 경복궁
이방원의 반격, 창덕궁

경복궁 경회루 • 수정전 • 창덕궁 선정전

1400년 왕자의 난으로 왕위에 오른 이방원은 한양을 떠나 개경에 머물렀다. 종묘사직은 한양에 있고 궁궐은 개경에 있는 처지가 된 것이다. 1405년 그는 천도를 마음먹고 한양으로 돌아오지만 경복궁으로 가지 않았다. 그에겐 새로운 궁궐이 필요했다. 그래서 지은 궁궐이 창덕궁이다.

이로써 조선은 법궁法宮 '경복궁'과 이궁離宮 '창덕궁'이 공존하는 양궐 체제로 이어진다. 이후 창덕궁은 순종이 승하할 때까지 거의 520여 년간 조선 역사의 중심이 되었다. 가장 한국적인 궁궐의 모습을 보여주는 창덕궁은 1997년 후원과 함께 세계문화유산으로 등재됐다.

눈썰미가 있는 사람이라면 경복궁과 창덕궁이 닮지 않았다는 것을 알 것이다. 경복궁이 엄격한 규율 아래 질서정연하다면 창덕궁은 자유롭다. 창덕궁은 한국 건축의 특징인 자연에 순응하는 방식대로 지어졌다. 응봉 산자락

경복궁의 배치도(좌) 창덕궁의 배치도(우)

끝에 자리 잡아 산의 모양새 따라 전각들이 들어선 것이다. 그래서 경복궁처럼 핵심적인 축이 없다.

반면 경복궁은 평지에 세운 궁이다. 중국의 황제가 사는 황성을 본 따 궁궐의 중앙 남북 축에 왕과 관련된 시설을 일렬로 배치했다. 남쪽부터 광화문, 흥례문, 근정문, 근정전정전, 사정전편전, 강녕전침전이 차례로 놓인다. 하지만 창덕궁의 경우, 정전인 인정전을 가기 위해서 길을 두 번이나 꺾어야 한다. 산자락에 놓여 평지가 넓지 않았기 때문이다.

이처럼 입지 선정부터 건물 배치까지 정도전과 이방원은 생각이 달랐다. 정도전이 유교의 질서와 상징성을 중요하게 생각했다면 이방원은 왕이 살기 좋은 궁궐, 즉 왕의 거처로서의 집이 중요했다. 그래서 왕의 편의를 최우선으로 고려했고 신하의 공간은 크게 개의치 않았다.

이방원은 왜 종묘 바로 위에 창덕궁을 세웠을까. 어쩌면 정도전에 의해 주도된 한양 만들기 프로젝트의 의미를 희미하게 만들기 위해서일지도 모른

창덕궁은 정전인 인정전을 가기 위해 길을 두 번이나 꺾어야 한다. 돈화문-진선문-인정문은 각각 90도로 꺾어져 있다. 사진 왼쪽이 인정문의 모습.

유교적
이상도시를 찾아서
●
한양

다. 창덕궁과 종묘를 붙여 놓으면서 경복궁을 중심으로 '좌묘우사左廟右社'였던 구조는 힘을 잃었다. 그는 종로에 시전시장을 만들어 '전조후시前朝後市' 개념도 깼다. '전조후시'는 '좌묘우사'와 함께 유교 국가 도시계획의 핵심으로, 궁궐 뒤에 시장을 두는 것이다. 조선 초기 경복궁 뒤에 작은 시전이 있었지만 활성화되지 못했다. 결국 좌묘우사, 전조후시라는 핵심 개념은 희미해졌다.

하지만 정도전이 수립한 도시계획을 다 없앨 수는 없었다. 어차피 도시는 하루아침에 만들어지는 것이 아니다. 지난 흔적 위에 새로운 흔적을 남기는 것, 그것이 도시의 본질이다. 지금도 경복궁과 창덕궁은 조선 건국 시 대립했던 두 권력의 흔적으로 남아 있다. 덕분에 서울이 더 매력적인 공간이 되었는지도 모르겠다.

좀 더 구체적으로 정도전과 이방원의 생각을 살펴보면 편전과 그 일대에서 극명하게 드러난다. 정전正殿은 공식적인 행사를 하거나 조회를 행하는 공적인 건물이고 침전寢殿은 왕의 침실로 사적인 공간이다. 두 공간 사이에 놓이는 편전便殿은 왕이 평상시에 거처하면서 신하들과 정사를 논하거나 일상 업무를 보는 곳이다. 그래서 왕과 신하가 함께하는 편전은 두 궁궐을 비교하기에 좋은 단서이다.

정도전은 왕의 사적 공간과 공적 공간을 철저히 분리했다. 먼저 궁궐 중앙에 왕의 공간을 일직선으로 배치해 상징성을 강조했다. 동쪽에는 세자와 대비가 머무는 공간을 두었고, 서쪽에는 신하들의 공간인 궐내각사闕內各司, 궁궐 안에 있는 각종 업무시설를 두어 영역을 확실히 구분했다.

경복궁 경회루 전경.
나라의 큰 경사가 있을 때 왕과 신하가 함께 연회를 열던 곳이다.

유교적
이상도시를 찾아서
•
한양

그리고 왕의 공간과 신하의 공간이 만나는 접점에 경회루가 있다. 경회루는 경복궁 창건 당시 서쪽 습지에 작은 연못을 파고 세운 작은 누각이었다. 창덕궁에 머물렀던 이방원은 중국 사신을 맞이하기 위해 경회루를 다시 크게 지었다. 이후 경회루는 외국 사신을 접견하거나 임금과 신하가 연회를 베푸는 공간으로 사용된다. 경회루는 왕이 홀로 즐기는 공간이 아닌 것이다. 경회慶會란 이름 자체가 군신 간에 서로 덕으로써 만난다는 뜻만 봐도 알 수 있다.

경회루 바로 아래에는 수정전이 있는데 역시 궐내각사에 속하는 건물이다. 수정전의 자리는 원래 세종 때 집현전이 있었다. 임진왜란 때 불탄 것을 고종 때 정면 10칸 측면 4칸의 압도적인 규모로 다시 세워진다. 이후 편전으로 사용하다가 1890년대 내각의 청사로도 활용된다. 수정전은 공식 편전인 사정전과 더불어 편전의 역할을 수행했다.

반면, 창덕궁의 편전인 선정전은 정전인 인정전과 침전인 희정당 사이에 끼어 있다. 규모도 정면 3칸 측면 3칸으로 경복궁의 사정전과 비교해 아담하다. 창덕궁은 경복궁처럼 평지에 지은 것도 아니고 터도 넓지 않았기에 선정전은 왕의 공간에 끼인 채 더 이상 확장할 공간을 얻지 못했다. 좁은 땅에 제일 우선되었던 것은 왕과 그의 가족들의 공간이었지, 신하들의 공간이 아니었다.

그래서 창덕궁을 거닐면 마치 사대부가의 집을 크게 확장해 놓은 느낌이 든다. 건물과 건물이 서로 밀접하게 연결되어 있기 때문이다. 물론 왕실 사

경복궁 수정전과 창덕궁의 선정전. 두 건물 모두 왕과 신하가 정사를 함께 논하는 건물로 두 궁궐을 비교할 수 있는 단서가 된다.

람끼리 말이다. 게다가 창덕궁은 경회루와 같은 공간이 없다.

왕의 정원인 경복궁 향원정은 평지에 놓여 사방으로 열려 있다. 창덕궁의 후원에 비해 사적이지도, 그리 은밀하지도 않다. 이에 비해 창덕궁의 후원은 은밀하게 자연을 즐기겠다는 의도가 그대로 드러난다. 경복궁이 산을 감상한다면 창덕궁은 산을 소유하며 즐긴다. 진정한 왕의 비밀 공간이 바로 창덕궁 후원인 것이다.

궁궐,
그 찬란한 아름다움

창덕궁 후원 • 경복궁 근정전 월대 • 교태전 아미산

창덕궁 후원은 한국적 정원의 정수를 보여준다. 후원의 부용지에 서면 그 아름다움에 압도되어 나도 모르게 숨을 죽인다. 네모난 연못 부용지는 돌을 곱게 다듬어 가장자리를 둘렀고, 그 안에는 둥근 섬이 소나무를 떠받들고 있다. 부용지에는 '하늘은 둥글고 땅은 네모지다'는 '천원지방天圓地方'의 우주관이 깃들어 있다.

소나무는 군자와 절의를 상징하니 군신君臣 모두를 은유한다. 본받을 만한 자연을 군자의 마음가짐에 빗댔던 유학자의 태도가 후원에도 가득하다. 연못의 소나무는 한겨울 연못이 흰 눈으로 덮일 때도 홀로 푸름을 드러낸다. 그 앞의 2층 누각 주합루와 견주어도 그 기상이 뒤지지 않는다.

주합루는 엄밀히 이야기하자면, 2층만이 주합루고 1층은 정조 때 만든 왕실도서관인 규장각이다. 정약용, 박제가, 이덕무, 유득공 등은 이곳에서 정조의 지원을 받으며 조선 후기 실사구시實事求是, 실험과 연구를 통해 객관적 사실을 창덕궁 후원 중 부용지 일대. '천원지방'의 세계관이 깃든 연못과 정자 부용정이 있고, 그 위로 2층 전각 주합루가 서 있다. 주합루의 1층에는 정조가 만든 왕실도서관 규장각이 있다.

얻고자 함의 학풍을 주도했다.

주합루는 언덕을 여러 단으로 다스린 화계花階, 꽃과 나무로 이뤄진 여러 단의 정원 위에 서 있다. 화계는 단마다 갖가지 꽃나무와 풀들로 채워져 자연의 일부가 되었다. 부용지는 연못, 화계, 정자 등의 인공과 울울한 자연이 서로를 배려하며 최상의 조화를 이룬다.

주합루로 가기 위해서는 부용지 앞에 놓인 어수문漁水門을 지나야 한다. 어수문은 물과 물고기, 즉 왕과 신하의 관계를 빗댔다. 둘 사이를 뗄레야 뗄 수 없는 관계로 본 것으로 조선시대 정치의 본질을 밝히고 있다.

주합루에서 부용지를 내려다보면 어떤 풍경이었을까? 아마 후원의 규장각은 가장 황홀한 국립도서관이었을 것이다. 왕과 신하가 함께 공부하며 백성을 위하는 진정한 왕도정치가 이곳에 있다. 정조는 부용지에서 때때로 낚시를 즐겼다고 한다. 커다란 인공 연못에서 낚시를 즐기고 신하들과 풍류를 논했을 그를 상상해본다.

선조들은 산이 많은 우리나라의 지리를 잘 알았고 사랑했다. 자연을 먼저 배려해 인공적인 장치를 두더라도 풍경을 해치지 않았다. 원래부터 그 자리에 있었던 듯 자연스러운 어우러짐을 중요시 했다. 관람정 영역에도 이런 미덕은 가득하다.

애련정을 지나 좀 더 북쪽으로 들어가면 숲을 헤엄치는 연못, 관람지가 보이기 시작한다. 발걸음을 조금 더 옮기면 한껏 가지를 드리운 밤나무의 예사롭지 않은 자태 뒤로 연못에 반쯤 몸을 담근 관람정이 보인다. 울창한 숲 사이에 연

후원은 아이들에게도 훌륭한 자연이다. 연경당, 관람정 앞에서 둘째 연우

못들이 있고 관람정을 비롯해 폄우사, 존덕정 등 오밀조밀 정자들이 곳곳에 서 있다. 관람지는 인조 시절 2개의 네모난 연못과 1개의 원형 연못으로 이뤄졌던 것을 고종 때 하나로 연결했다.

관람정 주변은 연륜을 자랑하는 고목들이 숲을 이루고 인공 연못은 자연을 흡수하고 또 자연에 흡수된다. 숲은 연못에 풍경을 빌려주고 정자는 세상 시름 덜고픈 인간을 자연으로 초대한다. 인공과 자연의 이중주가 울려 퍼지

후원의 관람정과 관람지의 모습. 숲은 연못에 풍경을 빌려주고 정자는 세상 시름 덜고픈 인간을 자연으로 초대한다. 옥류천 일대와 함께 왕실 정원의 품격이 가득한 곳이다.

고 나무들은 아낌없이 몸을 던져 춤사위를 뽐낸다.

후원은 해설사와 함께 움직이기 때문에 충분히 숲을 즐길 수가 없었다. 그래서 빠른 걸음으로 숲길을 헤쳐 나가면서 자꾸 뒤를 돌아보았다. 수북한 초록의 향연, 후원에서 하늘로 쭉쭉 뻗은 신록은 신성했다. 나무들은 용틀임하며 하늘을 향해 복을 빌었다. 한 무리의 사람들이 앞을 향해 발걸음을 재촉할 때, 그들과 조금 뒤떨어진 채 숲을 천천히 걸어 내려갔다. 조선의 왕이 즐기던 숲, 이 비밀의 정원에서 누가 쉽게 발을 뗄 수 있을까.

수북한 초록이 향연을 벌이는 후원의 숲. 하늘로 쭉쭉 뻗은 신록은 신성하게까지 느껴진다. 범상치 않은 나무들은 용틀임하며 하늘을 향해 복을 빈다.

창덕궁 인정전의 모습(위) 경복궁 근정전의 모습(아래). 효율의 인정전과 상징의 근정전. 궁궐의 핵심인 정전의 배치에서도 정도전과 이방원의 생각은 이렇게 달랐다.

건축가 엄마와 함께
서울 옛길
느리게 걷기

경복궁은 북악산과 하나 된 궁궐이다. 경복궁의 정전 '근정전'은 북악산의 호위 아래 2개의 월대 아래 살포시 내려앉았다. 북악산의 부드러운 산세는 근정전의 처마 선을 따라 흐르다 땅으로 내려앉는다. 2개의 월대에는 북현무, 남주작, 우백호, 좌청룡의 4방신동서남북 사방을 지키는 신과 함께 12지신땅을 지키는 열두 신 등의 상서로운 동물이 섬세하게 조각되어 있다. 너른 터에 근정전을 둘러싼 회랑기둥이 노출된 연속된 복도 공간은 근위병처럼 근정전을 지킨다. 근정전의 권위는 북악산에서 시작해 월대와 회랑이 떠받는다.

반면 창덕궁의 정전 '인정전'은 산 대신 커다란 나무들이 호위한다. 근정전의 자리처럼 넓지도 않고 월대에는 4방신과 12지신의 조각도 없다. 그래서 근정전만큼 장엄한 기가 느껴지지는 않는다. 상징과 효율의 차이다. 궁궐의 핵심인 정전의 배치에서도 정도전과 이방원의 생각은 이렇게 달랐다.

자세히 보면 두 건물의 느낌도 다르다. 경복궁 근정전은 넓은 대지에 맞게 기둥 간격이 넓어 수평성이 강조된 반면, 창덕궁 인정전은 땅에 맞게 기둥 간격

경복궁 월대에 세워진 조각들. 사방신 중 남쪽을 지키는 주작. 그 외 호랑이, 원숭이, 말 등 12지신들도 볼 수 있다. (왼쪽 위부터 시계 방향)

이 상대적으로 가까워 수직성이 강조되었다. 두 건물 모두 주변 환경과 조화를 이루며 전통 건축의 미덕을 잃지 않는다.

경복궁을 걷다 보면 어느 순간 붉은 벽돌로 꾸며진 담장을 만난다. 모두 여성의 공간이란 표시다. 왕비의 처소인 교태전, 대비의 처소인 자경전 일대는 붉은 벽돌 담장이 이어진다. 그리고 두 건물 모두 아름다운 굴뚝이 숨어 있다.

교태전 뒤뜰에는 화계로 꾸며진 아미산이 있다. 산이라 칭하지만 경회루를 파면서 나온 흙으로 만든 인공 언덕이다. 작은 공간이지만 담겨 있는 뜻은 깊고 아름다움은 넘친다. 아미산에는 6각형으로 쌓은 굴뚝 4개가 서 있다. 모두 1867년 경복궁을 재건할 때 세운 것들이다.

굴뚝 역시 붉은 벽돌로 쌓았는데 6면에는 부귀를 상징하는 무늬나 악귀를 막는 상서로운 동물, 사군자매화, 난초, 국화, 대나무, 십장생불로장생을 상징하는 열 가지 등이 표현되어 있다. 모두 흙을 구워 하나하나 만든 것이다. 연기가 나오는 지붕은 목조건축을 본떠 기와를 얹었다. 2개의 굴뚝은 비교적 가까이에서 볼 수 있는데 상서로운 식물과 동물을 찾아보는 재미가 쏠쏠하다. 어찌나 정성스럽던지 구워진 무늬 하나하나가 작품으로도 손색이 없다.

자경전의 굴뚝 역시 마찬가지다. 자경전은 고종이 양어머니 조대비를 위해 지은 건물로 그 뒤에는 십장생이 표현된 기다란 굴뚝이 있다. 커다란 판에 십장생이 표현되어 있는데 역시나 무늬 하나하나가 정성스럽고 아름답다.

왕비의 처소, 교태전 뒤에는 아미산이라 불리는 정원에 6각형으로 된 굴뚝 4개가 서 있다. 굴뚝에는 온갖 상서로운 동물과 나무들이 정성스레 표현돼 있다.

유교적
이상도시를 찾아서
•
한양

조선의 정체성을 담다

종묘

이른 아침, 큰 아이와 단둘이 종묘를 찾았다. 생의 마지막 불꽃을 화려하게 태우는 가을의 끝자락, 종묘 입구에서 애니메이션으로 상영 중인 종묘제례에 눈길이 갔다. 술과 고기를 올리는 모습을 보자니 부족국가 시절 제사장이 동물을 죽여 피와 살을 재물로 받치던 종교의식이 떠올랐다. 그 순간, 왕은 신이 된 조상에게 의식을 치르는 제사장이다. 그리고 그곳에서만큼은 신께 자신을 낮추고 또 낮추어야 한다. 종묘이기 때문이다.

조선은 유교의 나라다. 유교의 최고 가치는 '충'와 '효'다. 충忠이 중세시대 왕을 신격화하는 개념이라면 효孝는 왕부터 천민까지 개개인 가족 구성원에 미치는 규범이자 가치다. 효는 개인의 가치관을 형성하는 데 가장 핵심적인 것으로 '조상숭배사상'의 뿌리가 되었다.

유교에서는 사람이 죽으면 혼魂, 영혼과 백魄, 육체이 분리되어 혼은 하늘로 올라가고 백은 땅으로 돌아간다. 그래서 조상의 혼이 깃들 수 있는 신주神主를 만들어 사당에 모셨고 육체는 땅에 묻어 묘를 만들었다. 종묘는 왕과 왕비의 신주를 모신 왕실의 사당으로 조선시대 유교문화의 핵심 공간이다.

종묘는 대한민국의 제사문화와 유교문화를 육안으로 확인하는 자리다. 그래서 부모를 공경하고 조상을 중히 여기는 정성과 마음이 공간에 깊게 깔려 있다. 종묘의 대문, 외삼문을 지나면 바로 거친 박석薄石으로 된 신로神路가 나온다. 가운데는 신만이 다니는 길 신로, 오른쪽은 왕의 길 어로, 왼쪽은 세자의 길, 세자로다.

종묘의 대문, 외삼문을 지나면 바로 거친 박석으로 된 신로가 깔려 있다. 가운데는 신민이 다니는 길 신로, 오른쪽은 왕의 길 어로, 왼쪽은 왕세자의 길 세자로이다.

유교적
이상도시를 찾아서
•
한양

정전은 세계에서 유래를 찾아볼 수 없을 정도로 수평으로 긴 형태를 갖고 있다. 장식이 절제된 긴 공간에 기둥이 반복되면서 장엄한 아름다움을 이룬다.

신로 따라 높고 길게 뻗은 담장이 사당으로 가는 길을 호위한다. 그 길은 의식을 준비하는 사람들의 긴장을 한껏 끌어올린다. 그렇게 종묘의 정전과 영녕전을 향하는 길은 오롯이 신과 함께 걷는 길이다. 이미 조상은 죽어 신이 되었고 그들이 걷는 길은 왕도 걸을 수 없다.

가을을 불태운 은행나무는 그 흔적을 남기고 잔디는 노랗게 변해 종묘에 따스한 기운을 드리운다.

건축가 엄마와 함께
서울 옛길
느리게 걷기

종묘는 1394년 공사를 시작해 1년여 만에 완성된다. 태조 이성계는 제일 먼저 자신의 4대조의 신주를 종묘로 모셔온다. 이후 정전종묘의 핵심 건물에는 조선을 건국한 태조와 재위 중인 왕의 4대조까지를 모셨다.

그리고 5대조가 되어도 공덕이 높은 왕과 왕비는 정전에 남았다. 결국 꾸준히 늘어나는 신주를 모시기 위해 종묘는 계속 증축되면서 지금의 모습으로 완성된다. 현재는 임진왜란 때 불탄 것을 1608년에 중건한 것이다.

정전에는 서쪽부터 태조, 태종, 세종, 세조, 성종, 중종, 선조, 인조, 효종, 현종, 숙종, 영조, 정조, 순조, 문조, 헌종, 철종, 고종, 순종의 신주를 봉안했다. 연산군과 광해군를 비롯해 폐위된 왕과 세자는 정전에 오를 수 없었다. 정조는 사도세자의 아들이지만 효장세자의 아들로 입적되어 적통을 회복했다. 현재 정전에는 19칸에 왕과 왕비를 비롯한 신위 49위가 모셔져 있다.

5대조가 되는 왕의 신주는 영녕전에 모셨다. 영녕전은 16칸에 15명의 왕과 마지막 황태자 영친왕을 비롯해 왕비들의 신위까지 총 34위를 모셨고 가운데 4칸은 태조의 4대를 모셨다.

영녕전에는 사후에 왕으로 추대된 왕의 신주도 모셨는데 그중 하나가 사도세자다. 고종이 순조의 큰아들 효명세자에게 입적되면서 사도세자가 직계 4대조가 되었기 때문이다.

살아생전 아버지의 한을 풀고자 효를 다했던 정조의 정성에 하늘이 감동한 걸까. 개화기 시절, 유교의 영향력이 약해지던 사회에서 폐위된 사도세자를 장조로 추존하는 게 그리 어려운 일은 아니었다.

종묘는 토요일 외에는 해설사와 함께 이동해야 한다. 평일 첫 시간이었던 그날, 문화해설사, 영주에서 문화재를 수리하는 분, 그리고 건축 일하는 필자와 배낭 속에 읽을 책을 꾸려 온 딸아이까지 조촐하게 4명이 한 시간을 함께했다. 한적한 공간에 세 사람이 모이니 대화가 오갔고 각자 종묘를 향한 시선도 확인할 수 있었다. 어느 날, 다른 곳에서 만나도 그들을 알아볼 수 있을 정도로 지금도 기억이 생생하다. 평일, 이른 아침 종묘에서 답사를 시작한 맛이리라.

종묘 건물은 세계에서 유례를 찾아볼 수 없을 정도로 수평으로 긴 형태를 띠고 있다. 장식은 절제되고 기둥과 공간이 반복되면서 장엄한 아름다움을 만든다. 그 어떤 화려함도 흉내 낼 수 없는 숭고함을 소박하고 절제된 양식으로 완성했다. 세계 유명 건축가들도 종묘에서는 모두 숨죽이며 신으로 승화된 공간을 낮은 자세로 바라볼 뿐이다. 종묘는 1995년 세계문화유산에 등재되었다. 원래 종묘와 창덕궁은 한 공간이었다. 일제는 그 사이에 율곡로를 놓으면서 그 맥을 끊어 놓았는데 최근 둘을 잇는 복원 공사가 한창 진행 중이다.

현대는 '나라'보다 '도시'가 콘텐츠가 되는 시대다. 서울은 '600년 수도'라는 콘텐츠를 적극 활용할 필요가 있다. 도시는 여러 시대의 켜가 공존할 때 더욱 활기차다. 30~40년 된 아파트를 부수고 다시 짓는 '재개발'의 잣대로 도성 안을 바라봐서는 안 된다. 잊고 있던 기억은 더듬고 묻혀 있던 흔적은 되살리는 작업이 필요하다.

건축가 엄마와 함께
서울 옛길
느리게 걷기

고단했던 역사 도시 서울의 어깨를 토닥이고 다시 연륜의 자존심을 회복해야 한다. 다행히 서울은 일제강점기와 한국전쟁, 그리고 70~80년대 압축 성장을 통해 구겨질 대로 구겨진 고도古都로서의 체면을 서서히 회복해 가고 있다. 경복궁과 창덕궁에 부쩍 외국인이 늘어난 것을 볼 수 있어서 다행이다.

오른쪽 임금이 제사를 준비하는 공간 '재궁'을 나오면 신로를 따라 왼쪽 정전으로 들어간다. 정면으로 제사를 준비하는 공간 '전사청'이 보인다.

유교적
이상도시를 찾아서
●
한양

건축가 엄마와 함께
서울 옛길 느리게 걷기
10

땅에 새겨진
역사의 문신

• 경성, 그리고 서울 •

답사지

: 남산의 옛 일본 신사를 찾아서 :
해방촌 / 옛 호국신사 계단 / 옛 조선신궁터(남산 백범광장, 안중근기념관 일대) / 옛 노기신사 흔적(리라초등학교, 남산원)
옛 통감부터 표지석(서울 애니메이션센터) / 옛 통감관저터

: 북촌 아래, 종로 vs. 남산 위, 혼마치 :
광화문광장 / 칭경기념비 / 종로시전행랑(청진동) / 보신각 / 광통관 / 옛 조선은행(현 화폐박물관) / 혼마치(명동 일대)

: 일본이 세운 좌표건물을 찾아서 :
옛 경성역(옛 서울역, 문화역서울 284) / 숭례문 / 남대문시장 / 북창동 / 옛 경성부청사(현 서울도서관)와 서울신청사

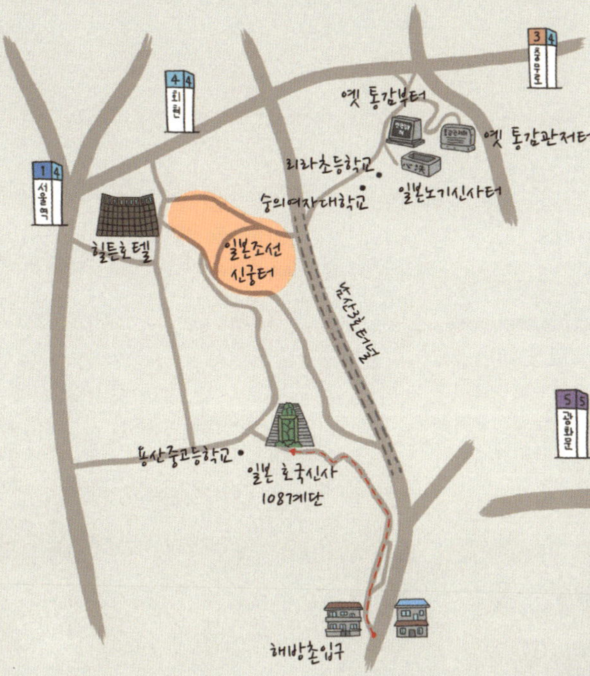

도동 삼거리 남산공원 입구에서 바라본 한양도성과 남산 일대의 모습. 이 일대 모두 일제강점기 때 일본 신사, 조선신궁이 놓였던 자리로 지금은 옛 경관을 회복했다.

조선총독부 같은 건물은 헐면 그만이다. 하지만 산자락 아래 거대한 땅은 어떻게든 흔적을 남긴다. 남산에 광활하게 넓은 땅이 있다. 남산 봉우리 앞까지 깊게 파고들어선 백범광장에 서면 서울의 남북과 서쪽 땅이 한눈에 보인다. 그리고 일본이 이 땅에 얼마나 많은 모욕을 주었는지 다시금 깨닫는다. 일본은 남산 북쪽을 주거지와 세력지로 삼고 청계천 아래 지역을 잠식해 갔다. 그리고 남산에 조선신궁神宮, 가장 격이 높은 신사과 여러 신사神社, 일본 왕실의 조상신이나 국가 공로자를 모셔놓은 사당를 지었다. 지금은 흔적 없이 사라진 것처럼 보이지만 장소는 누적될 뿐 대체되지 않는다. 일제강점기 시절, 일본이 한양과 대한제국을 개조했던 흔적들 중 일본 신사 자리를 찾아보기로 했다.

남산 아래,
옛 일본 신사의 흔적을 찾아서

● 호국신사터 ● 조선신궁터 ● 노기신사터 ● 통감관저터

먼저 해방촌과 후암동 경계에 남아 있는 옛 일본 신사의 진입 계단을 찾아 나섰다. 해방촌 입구에 들어서면 도로 좌우로 3층 높이의 건물들이 일렬로 서서 극적인 원근감을 만든다. 그리고 마치 소실점처럼 시선의 끝에 남산타워가 서 있다. 전봇대는 듬성듬성 서서 전기줄로 파란 하늘을 그물처럼 수놓고 그 위로 남산타워를 걸쳐놓는다. 해방촌 어디든 남산타워는 내가 어느 언덕쯤에 서 있는지 가늠할 수 있는 나침반이다.

길 따라 한동안 햄버거 가게들이 나오더니 곧이어 1층마다 다채로운 상점들이 나타나기 시작한다. 낡고 오래된 건물들은 청년들이 자리를 채우며 제2의 인생을 얻었다. 모텔 아래 파스타 집이 보이고 부동산 간판 아래 한 켠에서는 케밥을 판다. 한 건물에 50년의 시공간이 함께 존재하는 것이다. 이런 공간은 옛 공간, 옛 사람을 이해하는 배려를 가르친다. '공존'이 자연스런 길이 해방촌 초입이다.

해방촌의 나침판, 남산은 골목 곳곳에 얼굴을 내밀며 나그네의 땀을 닦아준다.

땅에 새겨진
역사의 문신

●

경성, 그리고
서울

초입을 지나 언덕길이 시작되면서 진짜 해방촌이 드러난다. 큰길 따라 신사의 계단을 찾아가는 데도 길들이 꽤나 가파르다. 그리고 어김없이 집들은 같은 옷을 입고 있다. 붉은 벽돌로 몸뚱이를 두르고 하얀색 페인트를 칠한 띠로 층을 구분한다. 집들은 경사 따라 운율을 만들고 하늘은 가파른 골목을 아낌없이 밝힌다. 어느덧 시야가 하늘과 맞닿으면서 신사 계단에 거의 이르렀음을 직감했다.

저 멀리 아현동 자락과 도심이 하늘 아래 수평선에 걸쳐 있다. 그리고 서서히 시선을 내리면 긴 계단이 나온다. 이런 달동네에 화강석을 곱게 다듬어

남산 서쪽 자락 해방촌에는 일제강점기 시절 일본 신사인 호국신사가 있었다. 해방촌과 후암동 경계에는 아직 신사의 계단이 남아 있다.

가지런히 놓은 계단이 있다니. 통짜 돌을 사용해서 계단 높이도 일정하고 안정적이다. 지금은 '108 하늘계단'이라는 낭만으로 치환되어 사람들의 무심함에도 그 기능을 다하며 하루를 보낸다.

용산이 일본군 기지가 되면서 그 주변에 일본인이 거주하기 시작하자 후암동 등은 빠르게 도시화가 진행된다. 하지만 해방촌이라 불리는 용산 2가동 일대는 산비탈인 관계로 해방 전까지 거의 개발되지 않았다. 일본은 1943년 그 자리에 호국신사를 세운다 용산중학교 뒤. 중일전쟁과 태평양전쟁의 전사자들을 '호국의 신'으로 모셨는데 그중에는 강제로 징병된 조선인 전사자도 있었다. 해방후 일본 신사 자리를 비롯한 해방촌 일대는 피난 떠났던 사람들이 터를 잡으면서 실향민의 고향이 된다.

용산중학교에서 마을버스를 타고 남산 백범광장과 안중근기념관으로 이동했다. 한파로 온 나라가 꽁꽁 얼어붙은 날씨 덕에 볼까지 열기가 느껴지고 코는 후끈거렸다. 도동삼거리 남산공원 입구에서 한양도성을 따라 백범광장까지 올라갔다. 복원된 성곽은 유려하게 남산을 타고 올라갔고 광장까지 나를 안내했다. 그리고 백범광장에서 그 위 안중근 기념관까지 3명의 독립운동가를 만났다. 김구, 이시영, 안중근이 주인공이다. 왜 이렇게 많은 인물이 한 공간에 있는 걸까. 넓은 광장과 안중근기념관 자리에는 처절한 사연이 있다.

경술국치 후 일본은 각 지역에 관립 신사를 세웠는데 그중 조선 최대의 신사, 조선신궁의 자리로 남산이 낙점되었다. 조선신궁은 1920년 착공해 1925년 완공된다. 당시 항공사진에 어김없이 등장하는 명물, 돌계단과 총 15개의 건물이 남산 서쪽을 파고들었다.

조선신궁의 영역은 힐튼호텔 맞은편 어린이 놀이터에서 안중근기념관, 옛 남산식물원 터까지 총 43만 평방미터에 달했다. 여의도 공원 2배 면적이다. 신궁에는 일본의 건국신인 아마테라스와 메이지 천왕을 신으로 두었는데 조선총독부 못지않은 상징성이 있었다. 일본과 조선은 하나라는 내선일체의 명목 아래, 천황의 황국신민이 된 것을 자랑스럽게 여기도록 민족말살 정책을 펼친 것이다.

일본은 1935년경부터 신사 참배를 노골적으로 강요하면서 1945년에는 전국적으로 신사 77곳, 면 단위의 작은 규모 신사가 1,062곳이나 되었고 학교, 가정까지 작은 신단을 만들어 참배하도록 했다. 태평양전쟁이 끝난 후 일본은 스스로 신을 하늘로 돌려보내고 조선신궁을 해체, 소각한다.

조선신궁은 남산의 북서쪽에 자리 잡아 한양의 북, 남, 서쪽을 모두 감시할 수 있었다. 안산, 인왕산, 북악산, 북한산은 물론이고 서울역사, 경성부청사, 조선총독부까지 한눈에 읽혔다. 그뿐인가. 광화문로에서 서울역, 용산까지 잇는 남북대로를 내려다보기도 좋았다. 한양을 수호하던 남산은 이렇게 국권 상실의 현장이 되었다.

광장에서 일본인의 시선으로 경성을 내려다보는 내내 마음이 편치 않았다. 이렇게 내가 밟고 있는 땅, 내가 웃고 지나가는 장소 곳곳에 일제강점기 흔적이 흩뿌려져 있다는 사실이 새삼 씁쓸했다. 비록 치욕스럽다 하더라도 그곳이 옛 남산 옆구리에 보이는 기다란 계단이 조선신궁의 계단이다. 왼쪽에 숭례문이, 오른쪽에 경성역사가 보인다.(위) 안중근기념관에서 바라본 백범광장. 이 일대 모두가 조선신궁이었다. 조선신궁에서도 똑같은 시선으로 인왕산, 북악산, 북한산이 노출되었을 것이다. 머릿속으로 건물들을 지워보면 북악산 아래 경복궁과 조선총독부도 그대로 보였다.(아래)

땅에 새겨진
역사의 문신

●

경성, 그리고
서울

일본 신궁의 자리였다는 안내판이 필요하다. 우리는 조선인을 일본 황국신민으로 만들기 위해 일본이 한양을 어찌 왜곡하고 개조했는지 알아야 한다. 상처는 극복하는 것이지 묻는 것이 아니다. 과거의 치욕은 우리에게 새로운 다짐이 되기 때문이다.

일본 신궁 위에는 원래 국사당이 있었다. 태조가 만든 사당으로 남산을 목멱대왕이라는 수호신으로 모시면서 매년 제사를 지냈다. 신궁이 세워지자 일본은 국사당을 옮기라 강요했고 결국 1925년 인왕산 아래 무악동으로 옮겨진다.

발길을 돌려 옛 일본 신사의 수조가 남아 있는 리라초등학교로 향했다. 서울특별시 교육연구정보원 옆 계단은 2005년 드라마 '내 이름은 김삼순'에 나와 로맨틱한 이미지로 유명해졌다. 하지만 이 가지런한 계단 역시 조선신궁의 계단이다. 때로는 대중문화가 대중을 단순한 틀에 가두기도 한다. 옛 치욕은 이렇게 거부할 수 없는 달콤한 이미지로 가려졌다.

리라초등학교 경비실에 들어가 일본 신사의 수조에 대해 물으니 바로 옆 남산원에 비슷한 게 있다 하신다. 쉽게 눈에 들어오던 수조. 뒤편에는 '洗心'이라 쓰여 있다. 수조는 보통 신사 입구에서 손을 씻고 마음을 가다듬는 용도로 사용되었다. 수조를 살피다 벽을 보니 잘 다듬어진 돌들과 한자가 새겨진 비석이 콘크리트에 묻혀 있었다. 모두 옛 신사의 잔해들로 벽면에 붙어 끈질기게 살아남았다.

리라초등학교 옆, 남산원에 남아 있는 일본 노기신사의 흔적들. 수조가 남아 있고 돌 잔해는 의자로 변했다. 그리고 여러 돌 잔해가 벽면에 붙어 끈질기게 살아남았다.

1934년에 세워진 노기신사는 '노기 마레스케1849~1912'를 기린 곳인데, 그는 러일전쟁 영웅이자 1912년 메이지 천황이 죽자 스스로 할복자살한 인물이다. 1931년 만주사변을 일으킨 일본은 대륙 침략을 본격화하면서 상징적인 인물이 필요했다. 노기 장군은 그들에게 영웅을 넘어 신으로 숭배될 존재였고 노기신사는 조선인도 천황과 일본을 위해 목숨을 바쳐야 한다는 강요의 장소였다.

그날, 남산원보육시설에서 남자아이들이 맨발로 숙소에서 교육장으로 이동하고 있었다. 아직 추운 겨울, 서로 어깨동무를 하며 시끌벅적 무리를 지어가는 모습에 나도 모르게 말을 걸었다. 밝고 씩씩한 대답이 기분 좋은 울림이 되어 돌아왔다. 아이들은 이곳이 일본 신사 자리였던 것을 알까. 그 아이들이 매일 보는 벽면, 화단, 돌의자가 일본 장군을 신으로 숭배했던 신사의 흔적이라는 것을 말이다. 지금도 일본 학자나 관광객들은 '노기 신'의 흔적을 찾고 그를 기리기 위해 남산원을 찾는다.

가끔 남산을 보면서, 왜 그렇게 가파른 언덕에 건물들이 모여 있는지가 궁금했다. 굳이 그 가파른 산자락에 학교가 들어설 이유가 없기 때문이다. 하지만 리라초등학교와 숭의여자대학교 일대가 일본 신사 자리였던 걸 알고 나서는 예장동이 예사롭지 않았다.

예장동은 조선시대 군사 훈련장인 무예장을 줄여서 '예장'이라 부른 데서 유래한 이름이다. 리라초등학교부터 서울애니메이션센터, 소방재난본부, 서울 유스호스텔과 남산 일대를 포함한다.

1926년 경복궁 앞 조선총독부가 완공되기 전, 일본의 통치기관은 어디에 있었을까. 바로 예장동이다. 재미있게도 예장동 일대는 임진왜란 시절 일본군이 성을 쌓고 머물던 왜성대가 있던 곳이다. 그렇게 예장동은 대한제국의 주권을 탈취하기 위해 온갖 책략을 짜냈던 일본의 본거지가 된다.

일본은 가장 먼저 옛 왜성대 자리에 있던 조선 후기 정자 '녹천정'을 허물고 공사관을 세운다. 그리고 을사늑약에 따라 공사관을 폐지하고 1906년 조선통감부를 설치한다. 그 통감부 청사가 바로 예장동 남산 애니메이션센터

을사늑약 이후 조선통감부로, 경술국치 이후 1926년까지 조선총독부로 사용되었던 청사의 모습. 지금 서울애니메이션센터 자리로 표지석이 도로 옆 정원에 남아 있다.

옛 일본 통감관저의 모습. 이곳에서 통감 테라우치 마사다케와 이완용이 한일합방 조약에 서명했다. 그 앞 은행나무는 지금도 그대로 살아 있다.(위) 오른쪽 빈 공터가 옛 통감관저터이다.(아래)

자리다. 통감부는 경술국치 후 1926년까지 조선총독부 청사로도 사용된다. 일본 공사관은 을사늑약 이후 통감관저로 변하는데 예장동 유스호스텔 가는 남산 언덕길에 그 터가 남아 있다. 1910년 이곳에서 이완용과 당시 일본 통감이던 테라우치 마사다케 1852~1919가 소위 한일합방 조약에 서명한다.

경술국치의 현장인 통감관저터를 구체적으로 확인하고 싶었다. 보고 싶었던 나무 한 그루가 있었기 때문이다. 옛 통감관저 사진들을 찾다 유난히 굵고 튀는 나무를 발견했다. 통감관저 앞 은행나무였다. 그 나무가 지금도 보호수로 살아 있다.

소방재난본부를 지나면 옆으로 짧게 휘어진 언덕길이 나온다. 그리고 몇 발자국 떼지 않아 저만치 독보적인 나무 한 그루가 보인다. 사진에서 보던 그 은행나무다. 땅이 흔적을 남기지 못할 때는 나무들이 역할을 대신한다. 특히 오래된 나무들은 살아서도 정령이 되어 그 누구도 함부로 할 수 없다. 자신이 앉은 땅은 끝까지 지키겠다는 강한 아우라가 느껴지기 때문이다.

은행나무 앞, 통감관저터 표지석 앞에 조형물이 세워져 있는데 나름 의미가 깊다. 원래 통감관저 앞에는 을사늑약을 끌어낸 하야시 곤스케 1860~1939 동상이 있었다. 2015년 광복 70주년을 맞아 흩어져 있던 동상의 잔해를 모아, 거꾸로 세워 자리를 기념한 것이다. 조형물 안쪽에 '남작하야시곤스케군상'이라는 한자가 거꾸로 놓여 있다. 조선신궁, 일본 신사, 통감부터를 보는 내내 체했던 마음이 순식간에 내려가는 듯했다.

하늘을 올려다보니 은행나무 줄기 끝으로 새순이 나오기 시작했다. 그리고 시선이 멈춘 곳은 유난히 까만 은행나무의 몸이었다. 신록이 우거질 때는 쉽게 보이지 않던 그의 몸이 오롯이 보인다. 비록 속은 새까맣게 탔어도 늘 그랬듯 앞으로도 푸른 초록 잎을 내며 '희망'을 심어주길 바라본다. 그가 여태 살아줘서 고맙다.

통감관저터에 을사늑약의 주인공 하야시 곤스케의 동상 잔해를 거꾸로 세워 만든 기념비. 몇 백 년을 지나온 통감관저터 앞 은행나무에 새순이 돋는다. 통감관저터의 표지석.(왼쪽부터 시계 방향)

북촌 아래 '종로' vs. 남촌 위 '혼마치'

광화문 • 종로 • 진고개 • 명동

일본이 남산 일대를 점령했다면 우리는 청계천 위, 종로와 북촌, 동대문시장을 지켰다. 일제강점기 시절에도 지켜냈던 조선의 자부심 '종로'와 일본의 위세 속에 최신 유행과 행락이 가득했던 '혼마치_{명동 일대}'까지 가로질러 가기로 했다. 광화문광장을 찾은 날은 화창했다. 옛 육조거리 위로 푸른 하늘이 도심을 꽉 채웠고 북서쪽으로 인왕산이 익숙한 듯 낯설게 서 있었다.

세종대로 너머 광화문을 바라보았다. 나풀거리는 북악산 자락과 광화문이 승무의 춤사위를 똑 닮았다. 그러면서 광화문에서부터 낮아지는 돌담이 북악산을 배려하는 자세임을 깨닫는다. 자연에 순응했던 옛 선조의 태도가 첫 시퀀스에서부터 느껴진다.

그런데 시야에서 멀어질수록 북악산이 큰 파도처럼 밀려와 광화문을 위협한다. 두 번째 시퀀스는 친근했던 북악산이 갑작스레 태도를 바꾸며 낯선 얼굴로 뒤로 물러나 있다.

마침내 옛 육조거리가 시야에 들어올 때쯤 북악산은 홀로 우뚝 솟아 수호신, 북현무로 태어난다. 자연이 인공을 지배하는 한국 전통건축의 섭리가 느껴지는 마지막 시퀀스다. 신이 된 북악산은 좌우로 물결치듯 낮아지며 경복궁과 육조거리를 다스린다. 이처럼 북악산, 광화문, 육조거리는 조선의 수도 '한양'을 상징하는 최고의 경관이었다.

광장에서 종로로 들어서면 고종 즉위 40주년을 기념하는 칭경기념비사적 제171호를 만난다. 많은 사람들이 너나없이 세종대왕과 이순신장군 동상 앞에서 의미를 되새기지만 이 기념비에는 관심이 없다. 조선 초기 찬란한 문화를 만들었던 세종대왕과 국난을 극복했던 이순신장군만이 기억되는 조선이다.

칭경기념비를 지나면 해장국 골목으로 유명했던 피맛골, 청진동이 고층건물로 환골탈태 되어 나타난다. 그리고 한 건물 앞으로, 땅이 유리로 덮혀 있다. 2004년부터 청진동이 재개발되면서 그 아래 묻혀있던 시전市廛, 정부가 관리하는 도시의 상설점포의 흔적들이 나오자 발굴 유적을 내려다볼 수 있게 유리 천장을 만든 것이다. 농업국가였던 조선은 상업을 장려하지 않았지만 종로에 있던 시전은 조선의 상업을 독점하며 그 시세를 유지했고 지금의 종로를 만들었다.

피맛避馬골은 조선시대 백성들이 종로를 지나는 고관들의 말을 피해 다니던 골목길에서 유래된 이름이다. 지금 8차선 종로길 바로 뒤에는 좁은 골목의 피맛길이 쭉 이어졌다. 하지만 1980년대부터 종로 일대가 재개발 되면서 대형건물이 골목을 잠식했고 이후 문화재 보호법이 개정되었어도 발굴조사 외에 복원

북악산 자락과 광화문이 승무의 춤사위를 똑 닮았다.(위) 시야에서 멀어질수록 북악산은 광화문을 호위한다.(가운데) 옛 육조거리가 시야에 들어올 때는 북악산이 북현무의 수호신으로 태어난다.(아래)

된 것은 없었다. 조선시대 서민의 생활상을 대표했던 그 오래된 길들은 거대 공룡, 자본이 먹어치우고 일본에게도 넘기지 않았던 종로의 원형, 시전은 복원되지 못한 채 다시 땅 속으로 침전되고 말았다.

   더 늦기 전에 개발 논리에 밀리지 않는 법적 기준을 확실히 세우고 남은

청진동이 재개발되면서 그 아래 묻혀 있던 조선시대 공식적인 시장, 시전의 흔적들이 나왔다. 발굴 유적을 내려다볼 수 있게 유리 천장을 덮어 놓았다. 피맛골 청진동 골목은 그렇게 거대 건물이 들어섰고 시전은 땅에 다시 묻혔다.

피맛골이라도 보존해야 한다. 골목길과 종로의 흔적을 없애기에는 500년이란 세월이 너무나 소중하지 않은가. 그 세월은 일제강점기에도 잃지 않았던 종로에 대한 우리의 자부심도 포함되어 있다.

1880년대 전까지만 해도 일본은 서대문 밖에 거주했다. 임오군란으로 공사관이 불타자 남산 왜성대, 박영효저택 등으로 옮겨 다녔다. 그 후 신축한 건물이 갑신정변으로 불타게 되자, 공사관을 다시 왜성대로 이주한다. 그리고 진고개 일대를 거점으로 삼는다.

진고개는 명동성당에서 세종호텔을 지나 예장동을 거치며 남산과 연결되는데 흙이 질다고 해서 붙여진 이름이다. 가난한 선비들이 살아서 남산골로 불리던 진고개 일대는 이후 통감부와 일본 신사들을 비롯해 주거지와 상가가 밀집하면서 일본의 세력지가 된다. 그리고 청계천 남쪽 남대문통남대문로과 혼마치명동 일대, 황금정을지로에 이르는 지역까지 진출하면서 청계천 남쪽을 잠식해갔다.

원래 을지로는 청나라 상인들의 본거지였다. 일본은 청일전쟁 이후 재빨리 도로를 정비하고 이 일대를 금융상업지구로 키운다. 1920년대에는 황금정 일대에서 조선은행한국은행 화폐박물관, 구 한국은행으로 이어지는 남대문통남대문로이 경성의 금융 중심지로 급부상한다. 지금은 조선은행과 광통관현 우리은행 종로지점만이 남았다.

광통관을 찾아가는 길은 빌딩 숲이 된 지 오래다. 거대한 건물은 거리의 햇살을 빼앗고 하늘을 가린다. 유독 바람이 많은 날에는 빌딩 숲은 골이 되어 바람이 더 세차진다. 그곳에서 옛 남대문통의 터줏대감이 된 광통관은 시공간을 초월해 과거로 가는 열쇠로 남았다. 그래도 주인과 건물이 바뀌었을 뿐 아직도 자리를 지키는 금융회사도 적지 않다. 현재 남대문로의 중심은 일본을 기반으로 활동하는 재벌 그룹의 백화점과 호텔이다. 그 백화점 자리 역시 옛 은행들이 있던 곳으로, 일본의 영향력은 땅을 통해 그대로 이어지고 있다.

진고개의 모습. 왼쪽 명동성당이 보이고 그 아래 규모가 큰 일본식 건물 건너편에 통감부가 있다.(위) 오른쪽 하얀색 격자 프레임과 파란색 건물이 옛 통감부 자리에 지어진 서울애니메이션센터. 진고개는 현재 도로에서 충무로2가 세종호텔까지 쭉 이어졌다.(아래)

명동 역시 그 흐름은 여전하다. 롯데호텔부터 명동 일대는 우리말과 외국어가 뒤섞여 공간에 떠돈다. 중국어, 일본어, 영어는 기본이고 동남아어, 아랍어까지 다양하다. 일제강점기 시절에도 혼마치는 경성의 '작은 도쿄'로 불릴 만큼 번화했고 조선인에게는 문화적 충격이기도 했다.

남대문통(남대문로)은 경성의 금융가였다. 일정목(현 남대문로1가)의 첫 번째 벽돌식 건물이 현재 우리은행 종로지점(광통관)으로 일제강점기 시절에는 천일은행이 사용했다.(위) 광통관의 현재 모습.(아래)

1920년대 충무로, 명동, 회현동, 예장동, 필동 일대는 일본인 비율이 90%에 달했다. 일제강점기 시절, 남촌은 모던보이와 모던걸이 활보하는 조선인의 선망 지역이 되었다. 100여 년 전 이 땅에 자본주의의 꽃을 보여준 진고개 일대는 지금도 문전성시를 이룬다.

　퇴계로를 따라 남대문시장으로 향했다. 남대문시장만큼 서민들의 사랑을 오랫동안 받은 곳도 없다. 좌판은 우리가 오랫동안 해왔던 장사의 방식으로 남대

주말 남대문시장은 수많은 사람들이 흘러 지나간다. 우리나라 최초의 상설시장, 남대문시장은 지금도 건재하다.

문시장은 제법 정돈된 노점이 이어진다. 건물 안의 주인들도 밖으로 나와 호객행위를 한다. 그러다 맘에 들면 흥정을 하고 이런저런 대화도 오간다. 주말 남대문시장은 값싼 물품이 가득하고 수많은 사람들이 흘러 지나갔다. 일제강점기 때도 지금과 비슷한 방식으로 남대문시장과 명동은 대비를 이뤘을 것이다.

대한제국은 1896년 도시개조사업으로 여러 도로의 폭을 넓히거나 신설한다. 그 와중에 자리를 잃은 종로, 남대문로의 좌고행상坐賈行商, 앉아서 파는 상인과 돌아다니며 파는 상인들을 한자리에 모으는데 그곳이 바로 선혜청조선시대 대동미, 대동포, 대동전의 출납을 관장한 관청의 창고 '창내창'이었다. 이렇게 1897년 우리나라 최초의 상설시장 남대문시장이 출범한다. 남창동, 북창동은 각각 창내창의 북쪽, 남쪽이란 뜻으로 남대문시장은 남창동에 속한다. 남창동 수입상가 입구에는 선혜청터의 표지석이 있다.

재밌게도 남대문시장은 일본의 세력지인 진고개와 경성역사 사이에 턱하니 자리 잡고 있었다. 일본으로서는 눈엣가시이자 꼭 확보해야 할 땅이기도 했다.

진고개에 상권을 형성한 일본은 이를 없애려고 애를 썼다. 하지만 창내창을 인수한 송병준1858~1925이 로비를 펼치면서 소유권을 지키게 된다. 이후 한때 일본인에 의해 운영되다가 해방 후 상인연합회가 구성되면서 오늘에 이른다.

전통 경관에 심어진
일본의 좌표 건물들

조선총독부 · 경성부청사 · 서울역사

조선총독부를 경복궁 안에 지은 것은 일본 입장에서는 탁월한 선택이었다. 일본은 500년 넘게 이어지는 북악산, 광화문, 육조거리의 경관이 얼마나 큰 상징성을 갖는지 잘 알았다. 그들은 조선의 핵심 경관을 무너뜨려야 했다. 경복궁에 총독부를 세우고 광화문까지 옮기고 나니 북악산, 조선총독부로 이어지는 새로운 이미지가 탄생했다.

일본은 한양과 대한제국을 대표하는 장소에 제국주의의 상징이 될 건물을 곳곳에 심어 놓는다. 먼저 500년 이상 한양의 경관이었던 광화문 앞, 육조거리를 조선총독부가 지배한다. 이 건물은 북악산보다 더 위력적으로 서 있었다. 자연을 고려하지 않고 도시를 장악하려는 그들의 위세가 한눈에 읽힌다.

그리고 개혁의 상징, 덕수궁 영역을 잘라 도로를 만들고 경성부청사를 세운다. 경성부청사는 덕수궁과 환구단을 끊었고 환구단은 사람들의 시야에서 사라진다. 숭례문 뒤로는 아시아에서 세 손가락 안에 드는 경성역사를 만들어 수탈의 거점으로 삼는다. 그렇게 조선총독부, 경성부청사, 서울역사는 경성의 핵심 좌표가 되어 도시의 새로운 명물이 되었다.

일제는 성곽을 허물고 광화문에서 용산까지 이르는 남북대로를 만든다. 용산으로 뚫린 도로는 한강과 경성을 잇는 물류 통로가 된다. 물론 조선총독부, 경성부청사, 경성역사는 남북대로의 핵심 건물로 이 도로의 상징이기도 했다. 일본의 한양 개조 프로젝트는 약탈이 편하면서도 조선의 상징성을 끊는 것이 핵심이었다.

1948년 말 조선총독부와 세종대로의 모습. 고종 칭경기념비와 동아일보 사옥(현 일민미술관)이 보인다. 조선총독부는 국립중앙박물관으로 사용되다 1995년 광복 50주년을 기념해 철거된다.

땅에 새겨진
역사의 문신

●
경성, 그리고
서울

그래서 한양의 맥을 끊는 도로를 많이 만들었는데 1914년 세종대로 사거리에서 경희궁을 지나는 도로를 확장하면서 서대문을 철거한다. 지금의 새문안로다. 1931년에는 창경궁과 종묘 사이에 신작로 지금의 율곡로를 만들어 북악산의 주맥을 끊어 놓았고, 1939년에는 사직로를 만들었다. 그들이 만들고 확장한 도로는 모두 서울의 도로망으로 흡수되어 지금도 그대로 유지되고 있다.

조선총독부는 경복궁 복원사업을 통해 1995년 헐렸다. 당시에 논란이 많았

옛 경성부청사이자 서울시청 (구)청사는 서울도서관으로 일반 시민에게 개방되었다. 저층으로 자리 잡은 신청사는 구청사를 존중하고 투명하게 도시를 비추고 반사한다.

지만 총독부는 헐려야 할 건물이다. 아무리 문화재로서의 가치가 높다 해도 500년 이상을 지켜낸 경관의 가치를 넘어설 수는 없다. 선조의 지혜가 담긴 우리의 정신이자 자부심이기 때문이다. 만약 조선총독부를 남겨두었다면 일본이 만든 경관을 대대손손 물려줄 뻔했다.

 나머지 두 건물은 서울의 빌딩 숲 사이에서 공공 공간으로 다시 태어났다. 건물 자체의 우수성을 보존하는 동시에 치욕의 역사를 기억하는 곳으로 재

생된 것이다. 그중 논란의 중심에 섰던 건물이 서울청사다. 일제강점기의 건물과 새 건물이 공존하는 사례는 처음인데다가 서울을 대표하는 상징성도 강했기 때문이다. 아니나 다를까. 그 과정은 녹록치 않았다.

옆에서 서울시청 신청사 프로젝트를 지켜본 나로서는 아이디어는 뛰어났으나 뒷심이 부족했던 것이 아쉬웠다. 출발부터 공공기관의 허술한 구조적 문제를 안고 있었다. 완성도에 대한 책임을 건축가에게만 떠넘기기엔 아직도 행정적 절차가 불합리한 것들이 많다.

물론 서울시청처럼 공공성이 강한 건물은 개인 작품이라는 건축가의 욕심보다 사회적 책임감이 앞서야 한다. 모든 협의 과정에 적극적이어야 하며 디자인의 높은 완성도를 위해 최선을 다해야 한다.

공공건축은 봉사정신을 가진 건축가와 투명하고 합리적인 공공기관이 하나가 되어야 최고의 작품이 나온다. 서울시청 신청사는 그런 의미에서 상처투성이인 건물이기도 하다.

그래도 저층으로 해석한 아이디어는 건축가가 도시의 맥락을 잘 이해했기 때문이다. 마지막 지명설계건축가를 지명해 설계에 참여하도록 초청하는 방식에 참여한 4개 팀 중 유일한 저층 설계였던 것도 당선에 크게 작용했다. 시청 앞 호텔처럼 고층 건물로 지어졌다면 오랫동안 유지되어온 도시 경관을 해치는 것과 다름없었을 것이다.

옛 경성부청사이자 서울시청 구청사는 서울도서관이 되었다. 아이들은 서울도서관을 좋아한다. 책상 앞 의자에 앉지 않고 시원스런 장소에서 자유롭 옛 경성부청사이자 서울시청 구청사는 서울도서관으로 다시 태어났다. 서울도서관 어린이 자료실은 공간이 시원스럽고 자유스럽게 책을 읽을 수 있어 아이들이 좋아한다.

게 책을 읽을 수 있기 때문이다. 신청사도 많은 공간을 공공영역으로 시민들에게 열어 놓았다. 물론 그 안의 콘텐츠가 제대로 활용되어야 죽은 공간이 되지 않겠지만 말이다.

많은 사람들이 옛 청사와 신청사가 어울리지 않는다 말한다. 조화롭지 않다는 것이다. 전혀 다른 개체들이 조화를 이룰 수 없는 걸까. 사실, 부조화들이 뒤엉켜 공존하는 것이 사회이다. 그들이 모인 모든 물리적 환경이 도시인 것이다. 꼭 서로 비슷한 모양을 하고 튀지 않아야 조화를 이루는 것은 아니다. 동질성을 중시하는 국민성을 감안하면 '개성'이 어우러진 공존이 낯설 수도 있다.

서울역사도 서울시청 구청사처럼 공공영역으로 다시 태어났다. 이름도 제법 그럴싸하다. 문화역서울 284. 서울역사의 전신인 경성역사는 10평짜리 작은 목조건물 남대문 정거장이 그 시작이었다. 경부선, 경의선 등이 개통되고 인구가 늘어나자 일본은 역사 신축을 계획한다.

경성역사 신축은 일본의 거대한 꿈이 실린 프로젝트였다. 일본, 조선, 만주를 잇고 나아가 시베리아 철도와 연결해 유럽까지 진출할 목적이 있었기 때문이다. 경성역은 제국주의 확대를 위한 관문이자 구심점의 역할을 해야 했다. 일본은 국제 수준의 역사를 계획했고 경성역은 1922년에 착공해 1925년에 완공된다. 지하 1층, 지상 2층의 석재가 혼합된 벽돌식 건물로 도쿄역사와 1, 2위를 다툴 정도로 대단한 규모를 자랑했다.

일본의 제국주의 확대를 위한 관문이었던 서울역사는 오랫동안 본인의 역할을 다한 후 지금은 '문화역서울 284' 전시관이 되었다.

당시 경성에서 경성역사 건물은 위압적이고 강력했다. 경성역 2층엔 우리나라 최초의 서양식 레스토랑이 들어서 상류층이 꼭 들러야 할 명소이기도 했다. 지금은 고속철도 역사에 그 지위를 넘겨주고 복원공사를 거쳐 2011년 전시관으로 일반인에게 개방되었다.

봄꽃들. 그녀들은 오랫동안 몸을 움츠린 인간에게 보상이라도 하듯 초록 잎보다 먼저 피어나서는 일장춘몽처럼 사라진다. 그래서 봄은 젊음을 닮았다. 미美에 집착하는 여성에게 봄날은 꿈결 같았던 청춘을 떠오르게 한다. 그것은 죽을 때까지 끝나지 않을 마법.

4월이면 남산에는 큰 애기 얼굴처럼 벚꽃이 수줍게 만개한다. 그 새하얀 화사함을 이길 봄꽃이 어디 있을까. 책을 쓰며 남산을 걸을 때면, 벚꽃에 발걸음은 멈춰졌고 내 맘도 '청춘'과 다를 게 없었다.

사실, 남산의 벚꽃을 볼 때마다 '일본'이 떠오르는 것은 어쩔 수 없었다. 벚꽃을 일본 국화로 아는 사람들이 많지만 사실 일본은 국가를 상징하는 꽃이 없다. 게다가 왕벚나무는 제주와 해남에 자생지가 있지만 일본에서는 아직 찾지 못했다. 원산지는 자생지가 밝혀지지 않으면 소용이 없다. 그들은 벚꽃의 찬란함이 그토록 부러웠던 것일까. 도심과 가장 잘 어울리는 벚꽃을 맘껏 즐길 지금도, 일본이 만든 이미지는 잘 지워지지가 않는다.

여러 생각 끝에 남산 답사의 마지막은 벚꽃 숲이 아닌 소나무 숲으로 정했다. 소나무에는 조선 유학자들이 추구했던 군자君子의 기상이 가득하기 때문이다. 유학자의 이상향, 군자는 덕을 쌓아야 도달할 수 있다. 순간의 화려함이 아닌, 은은한 향이 군자의 덕이다. 그 기상이 소나무에 가득하다. 소나무는 그 기상을 땅에 새기고 쭉 뻗은 가지로 하늘을 수놓는다. 땅과 하늘을 잇는 신의 파수꾼 같다. 그래서 '영원'을 상징하며 왕의 무덤도 지킨다.

남산 식물원을 끼고 오르면 '남산 고유 소나무숲' 탐방로가 나온다. 숨은 숲길이라 사람들은 잘 모르지만, 소나무의 기상은 사시사철 높고 푸르다.

남산 식물원을 끼고 오르는 '남산 고유 소나무숲' 탐방로는 숨은 숲길이라 사람들은 잘 모른다. 곳곳에 나무 데크가 있지만 흙을 밟는 숲길도 많다. 가파른 숲을 오르다 뒤를 돌아보면 한강 이남의 빌딩숲과 관악산까지 보인다. 그리고 어느덧 소나무들은 저마다 춤을 추며 하늘을 향한다. 때로는 짝을 이뤄 추다 나중에는 군무를 이룬다. 그 군무 속에서도 오롯이 홀로 자신의 춤 세계에 빠져 있는 소나무들도 있다. 문득 애국가 중 '남산 위의 저 소나무 철갑을 두른 듯'에서 남산이 지금 내가 들어와 있는 숲인지 궁금했다.

잠시 탐방로에 놓인 나무침대에 누웠다. 돌이켜보면 서울을 걸으면서 느꼈던 아픔, 안타까움 들은 모두 산이 위로했다. 북악산은 늘 내가 여기 서 있으니 흔들리지 말라고 아버지처럼 나를 붙잡았고, 낙산은 어머니처럼 자신을 오롯이 내주었으며, 개성 넘치는 인왕산은 예술혼이 가득한 기운을 전해 주었다.

조선시대 안산^{바라보이는 산}으로 풍경의 역할을 했던 남산은 남과 북을 아우르는 서울의 상징이 되었다. 남산에 고이 숨어 있는 이 숲에서 책의 마지막을 끝맺을 수 있어 다행이다 싶었다. 그리고 이 나라가 '산의 나라'인 것이 신의 축복임을 다시 깨닫는다. 한양은 자연을 존중해서 얻은 도시다. 지금도 그 산들은 우뚝 서서 서울이 넘볼 수 없는 존재로 우리 앞에 서 있다. 서울을 걸으면, 서울이 '깊다'는 것을 알게 되고 진심으로 서울을 '사랑'하게 된 자신을 보게 될 것이다. '자세히' '오랫동안' 서울을 들여다 본 덕분이리라.